Schwäbische TAPAS

Alexander Schöck

Umschlag: kosa-design, Ingelheim
Layout: Leinpfad Verlag, Ingelheim
Fotos: S. 131: Tamara Schöck, Böblingen; alle anderen Fotos stammen von David Hall, Nidderau/Windecken
Druck: wolf print, Ingelheim

Leinpfad Verlag, Leinpfad 5, 55218 Ingelheim,
Tel. 06132/8369, Fax: 896951
E-Mail: info@leinpfadverlag.de
www.leinpfadverlag.com

ISBN 978-3-945782-15-6

Inhalt

Die Maultasche lernt Spanisch. Von Charme und Witz regionaler Tapas

Im Spanischen bedeutet Tapas Deckel oder Abdeckung: Die Tapas wurden auf Sherry- oder Weingläser gelegt, um zu verhindern, dass die allgegenwärtigen Fliegen hineinfallen. Meistens waren es Weißbrotscheiben, die mit etwas Schinken, Käse oder mit Oliven beschwert wurden.
In dieser unkomplizierten Form waren die Tapas lange eine kostenlose Beigabe zum Getränk. Dann aber wurden die Brotscheiben immer aufwendiger belegt, entwickelten sich zu eigenständigen Gerichten und schufen eine eigene Ess- und Ausgehkultur: Wenn es abends kühler wird, trifft man sich mit Freunden und zieht von Bar zu Bar. Im Stehen trinkt man einen Schluck Wein und isst dazu als Kleinigkeit die eine oder andere Tapa, denn man möchte ja noch vier bis fünf weitere Bars besuchen.
Kein Wunder, dass diese Tapas-Kultur, die so leichthändig Genuss und Geselligkeit verbindet, mühelos den Sprung auch in nördlichere Regionen geschafft hat und besonders in Weinbaugegenden begeistert aufgegriffen und abgewandelt wurde.

Der besondere Reiz der Tapas hat mehrere Gründe: In unseren Augen sind dies erstens das Kleine und Verspielte. Es ist zweitens der Witz der Serie, genauer: derjenige der seriellen Präsentation. Weiterhin besteht ihr Charme in der regionalen Abwandlung und dies alles zusammen bedingt einen ganz hohen Genussfaktor.

Das Kleine und Verspielte

Drei kleine Wild-Burgerle machen einfach mehr Spaß als ein Riesenburger! Hinzu kommt, dass es inzwischen im Handel geradezu puppenstubenhaftes Geschirr gibt, das die Winzigkeit der Häppchen betont: Kleine Tapasteller, quadratisch, länglich, oval, Schieferplatten in verschiedenen Formen, Suppenterrinen in Miniaturform für all die Salsas, Pestos, Dips, Saucen und und und!

Der Witz der Serie

Nichts gegen eine normale Portion Flammkuchen, serviert auf einem riesigen Holzbrett! Aber eine Reihe von schmalen Dinnete sehen einfach – mal ganz abgesehen von den wechselnden Belägen, die damit möglich sind – witziger aus! Ähnlich ist es mit einem Alblinsensalat, der in einem Miniweckglas serviert wird. Und wer sich schon einmal an einem Tapas-Büffet bedient hat, weiß, wie unendlich reizvoll der Anblick gerade dieser reihenweise aufgebauten kleinen Gläser ist.

Der Charme der regionalen Abwandlung

Wer hätte früher jemals Kartoffeln und schwarze Oliven zusammengebracht?!? Oder

Maultaschen als Carpaccio serviert?!? Jetzt aber ist man begeistert von Cassis-Feigen auf Manchego-Streuseln, von Ochsenmaulsalat auf Kartoffelwürfeln. Man röstet wie wild Brotscheiben, um sie dann als Crostini oder Bruschetta mit den raffiniertesten Aufstrichen zu toppen! Zum Beispiel mit Bärlauch- oder Olivenbutter oder mit einem Walnuss-Petersilien-Pesto. Nicht nur weil es schmeckt, sondern auch weil man Kreativität und Witz bewundert, mit denen klassische südliche Gerichte bodenständig variiert werden.

Der ganz hohe Genussfaktor

Denn die Winzigkeit der Portionen ermöglicht es, drei und mehr Tapas zu probieren ohne gleich satt zu sein. Was den Genuss ebenfalls erhöht: der Wein und die Geselligkeit. Tapas isst man nicht jeden Tag, sondern wenn man Gäste hat oder selbst Gast ist. Und so wie man von den Tapas nur kleine Portionen probiert, könnte man sich dazu auch den Wein in kleinen Gläsern servieren lassen. Deshalb unser Tipp: Zu Tapas nur zu 0,1 l Wein! Dann kann man auch mit den Weinen ein bisschen experimentieren, denn natürlich schmeckt nicht jede Rebsorte zu allen Tapas gleich gut.

Wir haben uns darum bemüht, Ihnen den Umgang mit unseren Rezepten möglichst leicht zu machen. Entsprechend der jeweiligen Hauptzutat haben wir sie in fünf Kapitel eingeteilt: Tapas mit Käse, mit Fleisch & Wurst, mit Fisch, mit Gemüse & Pilzen und die süßen Tapas finden Sie unter Tapas mit Zucker. Die Verwendung weiterer wichtiger Zutaten lässt sich über das Register (S. 134f) erschließen.
Praktisch: Viele Tapas lassen sich gut vorbereiten oder sogar einfrieren. Das haben wir auch jeweils bei den Rezepten vermerkt. Daneben geben wir jede Menge weitere Tipps! Zum Beispiel wie man Zutaten variieren kann. Oder Tipps zum Selbermachen, zum Beispiel für Rosenwasser. Oder zum Räuchern. Diese Hinweise finden Sie sowohl direkt beim Rezept wie auch in den Küchentipps von Alexander Schöck auf den Seiten 132 und 133. Wobei der wichtigste wahrscheinlich der Tipp Nr. 10 ist: Eine eindringliche Aufforderung zum Selbstkochen.
Nun bleibt uns nur noch, Ihnen beim Ausprobieren viel Vergnügen zu wünschen!

Alexander Schöck und Angelika Schulz-Parthu
(Redaktion Kochen & Wein, Leinpfad Verlag)

TAPAS *mit Käse*

Schafskäse wird abwechselnd mit mediterranen Kräutern, mit Knoblauch- und Schalottenscheiben gestapelt. Zusammen mit dem würzigen Zwetschgen-Chutney ist das ein Fest der Aromen!

Schafskäsesalat mit Zwetschgen-Chutney

Für 8 Personen **gut vorzubereiten**

Für den Schafskäsesalat:
600 g schnittfester Schafskäse
4 Knoblauchzehen
10 Schalotten
2 Stängel Salbei
5 Stängel Thymian
6 Basilikumblätter
200 ml Olivenöl
grobes Meersalz, Pfeffer aus der Mühle

Für das Zwetschgen-Chutney:
400 g Zwetschgen
20 g Ingwer
1 kleine Chilischote
1 Zwiebel
1 EL Rapsöl
80 g Rohrzucker
1 Msp Salz
2 EL Himbeeressig

Den Schafskäse in feine Scheiben schneiden, Knoblauch und Schalotten schälen, der Länge nach in feinste Scheiben schneiden. Salbei- und Basilikumblätter grob hacken und mit den Thymianblättchen vermengen. Die Schafskäsescheiben im Wechsel mit den Kräutern, Schalotten, Knoblauch auf einer großen Platte zu 8 gleich hohen Türmchen stapeln, dabei immer wieder mit Olivenöl beträufeln und mit Salz und Pfeffer würzen. Die Türmchen mit Klarsichtfolie abdecken und für eine Stunde zum Durchziehen in den Kühlschrank stellen.
In der Zwischenzeit die Zwetschgen entsteinen, halbieren, würfeln und abgedeckt beiseite stellen. Den Ingwer schälen, mit einer Küchenreibe fein reiben und über die gewürfelten Zwetschgen geben. Die Chilischote halbieren, die Kerne entfernen und in feine Streifen schneiden.
Die Zwiebelwürfel mit dem Rapsöl in einer Pfanne glasig andünsten. Die Zwetschgen mit den restlichen Zutaten zu den Zwiebeln geben, Rohrzucker und Salz unterrühren und bei mittlerer Hitze 30 Minuten lang einkochen. Den Essig zum Chutney geben und weitere 5 Minuten köcheln lassen.
Die Schafskäsetürmchen auf 8 Tellern anrichten und mit einem Klecks Zwetschgen-Chutney servieren.

Tipp: *Das Zwetschgen-Chutney kann vorher zubereitet werden; es hält sich im Kühlschrank mindestens vier Wochen.*

Der italienische Klassiker unter den Käsesalaten mit Tomaten, Basilikum und Mozzarella wird hier im Parmesankörbchen verpackt und damit auf Tapas-Niveau gebracht. Albzarella ist übrigens die schwäbische Variante des Mozzarella.

Tomaten-Albzarellasalat im Parmesankörbchen

Für 8 Personen **gut vorzubereiten**

Für den Tomaten-Albzarellasalat:
500 g Kirschtomaten
400 g Albzarella (ersatzweise Mini-Mozzarella)
1 TL frische Oreganoblättchen
18 frische Basilikumblätter
2 EL Aceto balsamico
Salz, Pfeffer aus der Mühle
4 EL Olivenöl

Für die Parmesankörbchen:
400 g geriebener Parmesan

Außerdem:
1 kaffeetassengroße Porzellanschale

Die Kirschtomaten halbieren. Die Albzarellakugeln unter kaltem Wasser abspülen, in Würfel von 1 cm Kantenlänge schneiden und zu den Kirschtomaten geben. Die Oregano- und 10 der Basilikumblättchen in feinste Streifen schneiden und zusammen mit dem Aceto unter den Salat heben. Mit Salz und Pfeffer würzen, nach 10 Minuten mit dem Olivenöl vermengen und abgedeckt im Kühlschrank 30 Minuten durchziehen lassen.
Für die Parmesankörbchen eine beschichtete Pfanne auf mittlerer Flamme erhitzen und mit je 50 Gramm des geriebenen Parmesans einen Kreis (Ø10 cm) ausstreuen. Wenn der Käse beginnt Blasen zu werfen, die Pfanne von der Flamme nehmen. Kurz abgekühlt den Parmesanfladen mit Hilfe eines Pfannenwenders über dem auf dem Kopf stehenden Porzellanschälchen zu einem Körbchen formen; im Kühlschrank fest werden lassen.
Den durchgezogenen Tomaten-Albzarellasalat auf die 8 Körbchen verteilen, mit den restlichen Basilikumblättern dekorieren und sofort servieren.

Meine Küchentipps: s. S. 132, Tipp 1

Spanischer Manchego, hier kombiniert mit Schwarzer Johannisbeere und Feige – aromatischer kann ein Käsegang nicht sein!

Cassis-Feigen auf Manchego-Streusel

Für 8 Personen gut vorzubereiten

Für die Cassis-Feigen:
160 ml Cassislikör
250 ml Weißherbst
1 Nelke
½ Zimtstange
8 frische Feigen
Saft von ½ Zitrone

Für die Manchego-Streusel:
300 g geriebener Manchego
80 g Mehl
150 g zimmerwarme Butter
2 Eigelb
Salz

Für die Cassis-Feigen werden alle Zutaten bis auf die Früchte und den Zitronensaft in einem Topf bei mittlerer Hitze 10 Minuten aufgekocht. Die Feigen halbieren und mit der Schnittseite nach oben in den Topf legen. Die Feigen müssen nun bei geschlossenem Deckel ca. 15 Minuten auf niedrigster Stufe durchziehen. Dann vorsichtig mit einer Schaumkelle auf einen Teller setzen. Den Cassisfond auf die Hälfte reduzieren, mit dem Zitronensaft abschmecken und über den Feigen verteilen.
Für die Manchego-Streusel alle Zutaten in einer Schüssel zu feinen Streuseln verkneten; dann auf einem mit Backpapier ausgelegtem Backblech zu 8 runden Talern formen (das geht am einfachsten mit einem Garnierring). Die Streusel im vorgeheizten Backofen bei 170° C (Gas Stufe 3, Umluft 160° C) in 10-12 Minuten goldgelb ausbacken. Die Feigen auf die noch warmen Streuseltaler setzen und mit ein paar Tropfen der Cassisreduktion servieren.

Tipp: *Die Cassisfeigen können schon am Vortag zubereitet werden und in der Reduktion über Nacht im Kühlschrank durchziehen.*

Passen prima zusammen – marinierter Backsteinkäse und Kartoffeln.

Angemachter Backsteinkäse mit Kartoffeln („Oagmachter Backstoikäs mit Grombiera“)

Für 8 Personen gut vorzubereiten

600 g Backsteinkäse (ersatzweise Limburger)
6 Schalotten
½ Bund glatte Petersilie
200 ml Wasser
100 ml Kräuteressig
1 gestrichener TL Salz
1 gestrichener TL Zucker
1 gestrichener TL mittelscharfer Senf
Pfeffer aus der Mühle
5 EL Rapsöl
8 etwa gleich große vorwiegend festkochende Kartoffeln à ca. 100 g
Salz

Den Backsteinkäse mit Hilfe eines glatten Küchenmessers von der Rotschmiere befreien. Den Käse der Länge nach halbieren, in feine Scheiben schneiden und beiseite stellen. Die Schalotten schälen und in feine Ringe schneiden. Die Petersilie von den Stielen zupfen, fein hacken und zusammen mit den Schalotten zum Käse geben. In einer separaten Schüssel Wasser, Essig, Salz, Zucker, Senf und den gemahlenen Pfeffer zu einer Marinade mixen, zum Schluss das Öl mit einem Schneebesen im dünnen Strahl kräftig unterschlagen.
Die Marinade über den Käse gießen, leicht durchrühren und abgedeckt für 2 Stunden in den Kühlschrank stellen.
Die Kartoffeln abbürsten und in gesalzenem Wasser gar kochen. Die noch heißen Kartoffeln pellen, halbieren, in Scheiben schneiden und mit dem marinierten Käse auf kleinen Tellern servieren.

Tipp: *Zum Entfernen der Rotschmiere am besten Latexhandschuhen tragen – spart viel Wasser und Seife.*

Spannende und überraschende Kombination aus warmem Ziegenkäse, Quitten und Pfeffer.

Panierter Ziegenkäse auf Quittenmus mit Pfefferkrokant

Für 8 Personen gut vorzubereiten

Für das Quittenmus:
500 g Quitten
Saft von ½ Zitrone
200 ml Apfelsaft
1 Msp Salz, 1 Msp Zucker

Für den Pfefferkrokant:
60 g Zucker
3 EL Wasser
1 EL bunter Pfeffer

Für den Ziegenkäse:
400 g Ziegenfrischkäse (Rolle)
50 g Mehl
1 Ei
Paniermehl
6 EL Rapsöl

Die Quitten schälen, vierteln, das Kerngehäuse entfernen und das Fruchtfleisch in grobe Würfel schneiden. Die Quittenwürfel mit dem Zitronensaft und den restlichen Zutaten in einem Topf bei mittlerer Hitze in 20 Minuten weichkochen. Den Saft abgießen und die Quitten mit einem Pürierstab fein pürieren.
Für den Krokant den Zucker zusammen mit dem Wasser in einem Topf karamellisieren, den bunten Pfeffer einstreuen und die Masse rasch auf ein Stück Backpapier geben, mit einem weiteren Stück Backpapier belegen und mit einem Wellholz dünn ausrollen.
Den Ziegenkäse in 8 gleichgroße Scheiben schneiden und nacheinander mit Mehl, dem verquirlten Ei und dem Paniermehl panieren. Die Ziegenkäsetaler in einer Pfanne in Rapsöl bei mittlerer Hitze auf beiden Seiten in 2 Minuten goldbraun braten.
Das Quittenmus mit dem gebratenen Ziegenkäse auf 8 kleinen Tellern anrichten und mit Splittern des Pfefferkrokants dekorieren.

Tipp 1: *Das Quittenmus wird in diesem Rezept wegen des Pfefferkrokants mit nur wenig Zucker zubereitet, um den Geschmack von süß, sauer und der leichten Schärfe des Krokants in der Verbindung mit dem Ziegenkäse in den Vordergrund zu stellen.*

Tipp 2: *Weil die Quittensaison nur kurz ist: Die Quitten können wunderbar gegen Äpfel ausgetauscht werden.*

Ein wahres Blitzrezept: Unter Schinken und Käse verstecken sich gewürfelte Oliven und getrocknete Tomaten.

Gratiniertes Schinken-Käse-Crostini

Für 8 Personen gut vorzubereiten | Blitzrezept

8 Scheiben Baguette
6 EL Olivenöl
40 g grüne Oliven
40 g sonnengetrocknete Tomaten
8 Scheiben Bauernschinken
160 g geriebener Bergkäse

Die Baguettescheiben in einer Pfanne in Olivenöl goldgelb anbraten und auf ein mit Backpapier belegtes Backblech setzen. Oliven und Tomaten mit einem großen Küchenmesser fein hacken und auf den Baguettescheiben verteilen. Den Schinken locker auf die Brote legen, mit dem geriebenen Bergkäse bestreuen und im vorgeheizten Backofen bei 180° C (Gas Stufe 3, Umluft 160° C) in 3 Minuten gratinieren.

Einfach auf Brot oder zu neuen Pellkartoffeln ist der Luggeleskäs ein wahres Allroundtalent.

Marinierter Luggeleskäs

Für 8 Personen gut vorzubereiten | Blitzrezept

350 g Magerquark
150 g saure Sahne
150 g körniger Frischkäse
3 Schalotten
½ Bund Schnittlauch
Salz
Pfeffer

Den Magerquark mit der sauren Sahne in einer Schüssel verrühren, den körnigen Frischkäse unterheben. Die Schalotten schälen, fein hacken, den Schnittlauch in feine Ringe schneiden. Die Quarkmischung mit Salz und Pfeffer abschmecken, die Schalotten sowie den Schnittlauch unterziehen.
Den Luggeleskäs in kleine Töpfchen füllen und mit ofenfrischem Brot servieren.

Tipp: *Besonders in der warmen Jahreszeit ist diese Käsezubereitung auch mit Pellkartoffeln eine erfrischende und daneben noch vollwertige Mahlzeit.*

Unwiderstehlich lecker und knusprig und doch so einfach.

Käsestangen

Für 8 Personen gut vorzubereiten

250 g Mehl
125 g Butter
1 Msp Salz
1 Ei
1 EL Wasser
Mehl zum Bearbeiten
1 Eiweiß
80 g fein geriebener Bergkäse
60 g fein geriebener Parmesan

Das Mehl auf die Arbeitsplatte sieben, in der Mitte eine Mulde drücken und die Butter in Würfeln, Salz und das Ei hineinfüllen. Das Mehl mit den Zutaten gut vermengen und anschließend mit dem Wasser zu einem glatten Teig kneten. Den Teig in Klarsichtfolie einschlagen, 30 Minuten im Kühlschrank ruhen lassen.
Dann den Teig auf einer bemehlten Arbeitsfläche zu einer dicken Platte von 15 x 40 Zentimeter ausrollen, mit Eiweiß bepinseln und zur Hälfte mit dem Bergkäse bestreuen. Die andere Hälfte über die mit Bergkäse bestreute Hälfte klappen, die Oberfläche mit Eiweiß bepinseln und mit dem geriebenen Parmesan bestreuen. Die Ränder ringsum sauber abtrennen und mit Hilfe eines Lineals und eines Teigrädchens zu 1,5 cm breiten Stangen schneiden – die Länge kann hier je nach Verwendung variieren.
Die Käsestangen mit ausreichendem Abstand auf ein mit Backpapier belegtes Backblech verteilen und im vorgeheizten Backofen bei 200° C (Gas Stufe 4, Umluft 180° C) in 12 Minuten knusprig backen.
Die Käsestangen als Snack servieren.

Tipp: *Die ausgekühlten Käsestangen halten sich in einer Keksdose mindestens eine Woche frisch.*

Die Verbindung von gratiniertem Ziegenkäse mit Birnen ist unschlagbar.

Gratinierter Ziegenkäse („Goisakäs“) mit karamellisierten Birnen

Für 8 Personen **gut vorzubereiten**

Für den Ziegenkäse:
400 g Ziegenfrischkäse (Rolle)
5 Zweige Thymian
30 g Walnusskerne
50 g Honig

Für die Birnen:
4 Birnen Gaishirtle (s. Tipp unten, ersatzweise Williams Christ)
50 g Zucker
Saft von 1 Zitrone
5 EL Zuckerrübensirup
Thymian als Deko

Die Ziegenkäserolle in 8 gleichmäßige Scheiben schneiden. Die Thymianblättchen von den Stielen zupfen, mit den Walnusskernen fein hacken und zusammen mit dem Honig glattrühren. Die Birnen schälen, halbieren. In der Zwischenzeit den Zucker in einer Pfanne auf mittlerer Hitze karamellisieren. Die Birnenhälften kurz in dem Karamell schwenken, mit Zitronensaft und Zuckerrübensirup aufgießen und die Birnen darin unter mehrmaligem Wenden in 5 Minuten garziehen lassen.
Die Birnenhälften auf ein mit Backpapier belegtes Backblech legen, die Ziegenkäsescheiben darauf verteilen und mit der Honigmarinade bepinseln. Die Birnen im vorgeheizten Backofen bei 220° C (Gas Stufe 5, Umluft 200° C) gratinieren, auf 8 kleinen Tellern anrichten und mit ein paar kleinen Thymianzweigen dekorieren.

Tipp: *Die Birnensorte „Gaishirtle“ ist eine schwäbische Birne, die nur rund um Stuttgart wächst und nur maximal 4 Wochen im Jahr zu haben ist. Nicht wegen ihres Namens, sondern wegen ihrer Größe und des Geschmacks eignet sich diese Birne perfekt für Tapas-Gerichte. Sie lässt sich aber durch andere Birnensorten ersetzten, die dann entsprechend in Scheiben oder Würfel geschnitten werden müssen.*

Die Käseschnecken passen wunderbar zu einem Glas Sekt oder überhaupt zum Aperitiv.

Käse-Schnecken

Für 24 Personen gut vorzubereiten

400 g Frischkäse
150 g Blauschimmelkäse
2 EL Milch
1 Bund Frühlingslauch
Salz, Pfeffer aus der Mühle
2 x 270 g Blätterteig aus dem Kühlregal, à 40 x 24 cm

Den Frischkäse zusammen mit Blauschimmelkäse und Milch in einem Mixer zu einer glatten Masse mixen. Die Frühlingszwiebeln in feine Ringe schneiden, die Käsemasse mit Salz, Pfeffer abschmecken und die Frühlingszwiebeln vorsichtig unterheben.
Beide Blätterteigplatten ausrollen, jede mit einer Hälfte der Käsemasse bestreichen und jeweils zu zwei engen Rollen aufrollen. Die Käserollen in Frischhaltefolie wickeln und für eine Stunde in den Kühlschrank legen, bevor sie in 3 cm dicke Scheiben geschnitten werden. Die Scheiben auf ein mit Backpapier belegtem Backblech setzen und im vorgeheizten Backofen bei 200° C (Gas Stufe 4, Umluft 180° C) in 15 Minuten goldbraun backen.
Die Schnecken können sowohl warm als auch kalt serviert werden.

Tipp: *Die Käsemasse kann nach Belieben mit weiteren Zutaten wie Schinkenwürfeln, Oliven, Tomaten oder Zucchini verfeinert werden.*

TAPAS
mit Fleisch & Wurst

Nicht ganz Himmel und Erd, denn die Äpfel fehlen. Vermissen wird man sie aber nicht, so fein schmeckt die gebratene Schwarzwurst mit dem Kartoffelpüree.

Schwäbische Schwarzwurst auf Kartoffelpüree

Für 8 Personen **gut vorzubereiten**

Für das Kartoffelpüree:
400 g mehlig kochende Kartoffeln
80 ml Sahne
40 g Butter
Salz, Pfeffer, Muskatnuss

Für die Schwarzwurst:
400 g Schwarzwurst
80 g Mehl
30 g Butterschmalz
Kerbel für die Deko

Außerdem:
Kartoffelpresse

Für das Kartoffelpüree die Kartoffeln waschen, schälen, in grobe Stücke schneiden und in gesalzenem Wasser in 20 Minuten gar kochen. Die Kartoffelwürfel abgießen und noch heiß durch die Kartoffelpresse in eine Schüssel drücken. Die Sahne rasch erhitzen, mit der Butter unter die Kartoffeln rühren und mit Salz, Pfeffer und Muskat abschmecken.
Für die Schwarzwurst die Wurst häuten und leicht schräg in feine Scheiben schneiden. Die Schwarzwurstscheiben in Mehl wenden und in einer Pfanne in Butterschmalz von beiden Seiten goldbraun anbraten. Das Kartoffelpüree in einen Spritzbeutel füllen und je einen Strang mittig auf die Teller spritzen. Die gebratenen Schwarzwurstscheiben auf Küchenkrepp abtropfen lassen, leicht versetzt hochkant in das Kartoffelpüree stecken und mit dem Kerbel dekorieren.

Tipp: *Das Kartoffelpüree nicht zu stark salzen – die Schwarzwurst tut im gebratenen Zustand ein Übriges!*

Schwartenmagensalat in der Tomate

Für 8 Personen **Blitzrezept**

650 g Schwartenmagen, in 1 cm dicken Scheiben
1 rote Zwiebel
1 Zwiebel
4 Essiggurken
1 gelbe Paprika
½ Bund Petersilie
8 mittelgroße Tomaten
Salz, Pfeffer
5 EL Weinessig
6 EL Wasser
½ EL mittelscharfer Senf
4 EL Sonnenblumenöl

Den Schwartenmagen in Würfel von 1 cm Kantenlänge schneiden. Die beiden Zwiebeln schälen, zusammen mit Essiggurken und Paprika klein würfeln, die Petersilie fein hacken, alles unter den Schwartenmagen heben.
Den Tomatendeckel mit einem glatten Schnitt entfernen. Die Tomaten mit einem Löffel aushöhlen und innen leicht mit Salz und Pfeffer würzen. Aus Essig, Wasser, Senf und Öl eine Marinade rühren und vorsichtig unter den Schwartenmagensalat heben.
Den Salat in die Tomaten füllen, den Deckel schräg darauf setzen und mit ofenfrischem Brot servieren.

Tipp: *Es ist ratsam, immer einen kleinen Behälter im Tiefgefrierfach stehen zu haben, in den – wie in diesem Fall – das Tomateninnere gegeben wird. Ist die Dose voll mit diversen Gemüseabschnitten und -resten, kann man daraus eine leckere Gemüsesuppe kochen.*

Der Zwiebelrostbraten ist der absolute Klassiker unter den schwäbischen Gerichten! Damit er zur Tapa wird, haben wir ihn verkleinert und servieren ihn anstelle von Spätzle mit Kartoffelspaghetti – mit einem tollen crunchy Effekt!

Zwiebelrostbraten mit knusprigen Kartoffelspaghetti

Für 8 Personen

Für den Zwiebelrostbraten:
800 g Färsenrücken
3 Zwiebeln
100 g Butter
200 ml Trollinger
200 ml Bratenfond
Salz, Pfeffer aus der Mühle

Für die Kartoffelspaghetti:
4 große Kartoffeln
1 l Frittierfett

Außerdem:
Spiralschneider

Den Färsenrücken von Sehnen und Fett befreien; in 4 dicke Scheiben schneiden und nochmals halbieren. Die Scheiben sollten möglichst gleich dick sein. Wenn nötig, den Rostbraten vorsichtig flach klopfen. Die Zwiebeln schälen, halbieren und in feine Streifen schneiden.
Die Kartoffeln schälen und mit Hilfe des Spiralschneiders zu Kartoffelspaghetti verarbeiten. Das Frittierfett in einem Topf auf 170° C erhitzen und die Kartoffelspaghetti unter mehrmaligem Wenden goldgelb ausbacken.
Die Zwiebelstreifen in einer Pfanne mit 50 g Butter anrösten und beiseite stellen. In derselben Pfanne die restliche Butter zerlassen und die Färsenrückenscheiben darin auf beiden Seiten für ca. 2 Minuten scharf anbraten. Die Rostbratenscheiben nebeneinander auf einen Teller legen, mit Alufolie bedecken und für ca. 5 Minuten zum Ruhen beiseitestellen.
In der Zwischenzeit den Bratenansatz mit dem Rotwein ablöschen, reduzieren, mit dem Bratenfond auffüllen und die angebratenen Zwiebelstreifen zugegeben. Die Zwiebelstreifen bei mittlerer Hitze gar kochen, mit Salz, Pfeffer abschmecken.
Die Rostbratenscheiben mit Salz und Pfeffer aus der Mühle würzen, mit den Zwiebelstreifen belegen und zusammen mit den Kartoffelspaghetti anrichten.

Tipp: *Das Ruhenlassen der gebratenen Färsenscheiben führt dazu, dass sich der Fleischsaft, der kurz nach dem Braten unter einem leichten Druck steht, entspannt und sich wieder gleichmäßig im Fleisch verteilt.*

Les poireaux

Der süßliche Geschmack der Rinderleber und der leicht säuerliche des Kartoffelsalats ergeben eine tolle Kombi.

Leberknöpfletürmchen mit schwäbischem Kartoffelsalat

Für 8 Personen

Für die Leberknöpfle:
150 g zimmerwarme Butter
7 Eier
2 Eigelb
250 g Mehl
250 g Rinderleber, vom Metzger durch den Fleischwolf drehen lassen
Salz, Pfeffer, Muskat
gesalzenes Eiswasser
1 Bund Petersilie

Für den Kartoffelsalat:
500 g Salatkartoffeln
1 Zwiebel
100 ml Fleischbrühe
1 gestrichener TL gehackte Liebstöckelblätter
½ EL mittelscharfer Senf
Salz, Pfeffer
2 EL Sonnenblumenöl

Außerdem: Knöpflereibe

100 Gramm Butter mit einem Rührgerät schaumig schlagen, 3 Eier, 2 Eigelb, Mehl und die Rinderleber unter die Butter heben. Den Teig mit einem Kochlöffel kurz durchschlagen und mit Salz, Pfeffer, Muskat abschmecken.
Für den Kartoffelsalat die Kartoffeln in Salzwasser kochen.
In der Zwischenzeit den Leberknöpfleteig mit Hilfe einer Knöpflereibe in kochendes Salzwasser reiben und nach ca. 5 Minuten in gesalzenem Eiswasser abschrecken. Die Petersilienblätter fein hacken, mit den restlichen Eiern aufschlagen und mit Salz und Pfeffer abschmecken.
Die gekochten Kartoffeln pellen und in dünne Scheiben schneiden. Die Zwiebel schälen, fein würfeln, mit der Fleischbrühe und dem Liebstöckel kurz aufkochen. Den Senf in der Brühe auflösen und durch ein feines Küchensieb über die Kartoffelscheiben gießen. Den Kartoffelsalat vorsichtig mit der Fleischbrühe vermengen und mit Salz, Pfeffer, Sonnenblumenöl abschmecken.
Die Leberknöpfle mit der restlichen Butter in einer ofenfesten Pfanne goldgelb anbraten, die Eier-Petersilien-Mischung unterrühren. Die Leberknöpfle leicht Farbe annehmen lassen und im vorgeheizten Backofen bei 180° C (Gas Stufe 3, Umluft 160° C) in ca. 10 Minuten fertig backen.
Die gebackenen Leberspätzle auf ein Arbeitsbrett gleiten lassen, mit einem Messer in kleine Vierecke schneiden, versetzt zu Türmchen stapeln und zusammen mit dem Kartoffelsalat auf Tellern anrichten.

Fast wie von selbst köcheln die Zutaten für dieses Gericht bis zum Servieren vor sich hin, das zum Schluss mit ein paar Handgriffen zu einer sensationellen Tapa wird!

Tafelspitz auf Trüffelkartoffeln mit Meerrettichluft

Für 8 Personen

Für den Tafelspitz:
600 g Tafelspitz
2 Petersilienwurzeln
2 Karotten
200 g Knollensellerie
½ Stange Lauch
1 Zwiebel
1 EL Sonnenblumenöl

Für die Meerrettichluft:
1 ½ EL frisch geriebener Meerrettich
125 ml klarer Apfelsaft
½ EL Weißweinessig
1 TL Soja Lecithin (in jedem gut sortierten Lebensmittelgeschäft erhältlich)

Für die Trüffelkartoffeln:
600 g Trüffelkartoffeln, Salz

Den Tafelspitz von Sehnen und Fett befreien, 2 Liter kaltes Wasser in einen Topf füllen und den parierten Tafelspitz rund 1,5 Stunden bei mittlerer Hitze garen.
Petersilienwurzeln, Karotten und Sellerie schälen, in walnussgroße Stücke schneiden. Den Lauch der Länge nach halbieren, waschen, in walnussgroße Stücke schneiden. Die Zwiebel mit der Schale waschen, halbieren und auf der Schnittseite in einer Pfanne mit 1 EL Sonnenblumenöl dunkelbraun anrösten (dies verleiht der Brühe ihre charakteristische Farbe).
Für die Meerrettichluft den Meerrettich schälen, in einen kleinen Topf reiben, mit Apfelsaft und Essig auffüllen. Alles rasch aufkochen und zum Durchziehen für eine halbe Stunde beiseite stellen, dann mit dem Pürierstab pürieren. Den pürierten Fond durch ein feines Sieb gießen, mit Salz und Pfeffer abschmecken und das Soja Lecithin mit einem Schneebesen einrühren.
Nach 1,5 Stunden das geschnittene Gemüse zum Tafelspitz geben, weitere 45 Minuten mitgaren.
Die Trüffelkartoffeln in leicht gesalzenem Wasser in 30 Minuten gar kochen.
Die Kartoffeln mit der Schale in dünne Scheiben schneiden, als kleine Rosette auf den Tellern anrichten. Die Ochsenbrust aus der Fleischbrühe nehmen, gegen die Fleischfasern in dünne Scheiben schneiden und auf die Kartoffelrosette legen.
Den Meerrettichfond kurz vor dem Anrichten auf 70° C erhitzen und mit dem Pürierstab aufschäumen: Dafür den Pürierstab leicht schräg und kurz unter die Oberfläche halten.
Zum Schluss einen Klecks des aufgeschäumten Meerrettichfonds auf das Fleisch geben und sofort servieren.

Meine Küchentipps: s. S. 132, Tipp 3

Außen knusprig und innen würzig zart. Die knusprigste und einzige salzige Praline der Welt.

Kalbspraline mit lauwarmem Bratkartoffelsalat

Für 16 Personen gut vorzubereiten

Für die Kalbspralinen:
1 Kalbshaxe
6 EL Rapsöl
½ Knollensellerie
3 Karotten
1 Zwiebel
½ Stange Lauch
3 EL Tomatenmark
600 ml Trollinger
1 ½ l Bratenfond
Salz, Pfeffer
4 EL Sherry
40 g Maisstärke
7 Blatt Gelatine
3 Eier
250 g Paniermehl
1 l Frittierfett

Für den Bratkartoffelsalat:
500 g festkochende Kartoffeln
2 Zwiebeln
8 EL Sonnenblumenöl
5 EL Kräuteressig
1 TL Senf
Salz, Pfeffer
1 Msp Zucker

Die Kalbshaxe in einem Bräter in 3 EL Rapsöl von allen Seiten scharf anbraten.
Sellerie, Karotten schälen und in walnussgroße Würfel schneiden. Die Zwiebel schälen und in 1 cm breite Streifen schneiden. Den Lauch halbieren, unter fließendem Wasser waschen und in 1 cm breite Ringe schneiden. Karotten- und Selleriewürfel in einem Bräter im restlichen Rapsöl hellbraun anbraten, Zwiebel und Lauch hinzugegeben. Das Gemüse unter ständigem Wenden anrösten, Tomatenmark zugeben, mit dem Wein ablöschen, dann mit dem Bratenfond auffüllen. Die Kalbshaxe in den Bräter legen, bei geschlossenem Deckel 3 Stunden in den auf 160° C (Gas Stufe 2, Umluft 140° C) vorgeheizten Backofen stellen.
Für den Bratkartoffelsalat die Kartoffeln schälen, in ½ cm dünne Scheiben schneiden, die Zwiebeln schälen, fein würfeln. Die Kartoffeln mit 4 EL Sonnenblumenöl scharf anbraten, dann die Zwiebeln dazugeben, bei mittlerer Hitze kurz mitdünsten. Aus dem restlichen Öl, Kräuteressig, Senf, Salz, Pfeffer, Zucker eine Marinade herstellen und über die angeröstete Kartoffel-Zwiebel-Mischung gießen, von der Flamme ziehen, vorsichtig verrühren und durchziehen lassen.
Nach 3 Stunden den Bräter aus dem Ofen nehmen und die Kalbshaxe zum Abkühlen auf einen Teller legen. Die Soße durch ein feines Sieb passieren und in einem Topf auf 1 Liter reduzieren. Das Fleisch vom Knochen lösen und in mundgerechte Stücke zupfen. Die Soße mit Salz, Pfeffer und Sherry abschmecken und mit der in 5 EL Wasser aufgelösten Maisstärke abbinden.

Die in kaltem Wasser eingeweichte Gelatine ausdrücken und in der Soße auflösen.
Das Kalbshaxenfleisch mit der Soße vermischen und auf einem mit Frischhaltefolie ausgelegtem Backblech mit einer Höhe von 2 cm verteilen. Die Masse ca. 3 Stunden im Kühlschrank fest werden lassen. Dann in Rechtecke von 3 x 5 cm Kantenlänge schneiden. Zum Panieren die Rechtecke in Mehl wenden und zweimal mit Ei und Paniermehl umhüllen. Die Pralinen im 170° C heißen Fett 6 Minuten ausbacken, für 5 Minuten aus dem Fett nehmen und nochmal 6 Minuten ausbacken. Auf dem lauwarmen Bratkartoffelsalat anrichten.

Tipp: *Damit die Kalbspralinen beim Panieren nicht ihre Form verlieren, können sie vorher tiefgefroren werden. Friert man die vorbereiteten Pralinen vor dem Panieren ein, können sie bis zu vier Wochen vorher zubereitet werden.*

Dieses schwäbische Tapas-Gericht entfaltet seinen vollen Geschmack, wenn der Ochsenmaulsalat auf den warmen Kartoffelwürfeln zu schmelzen beginnt.

Ochsenmaulspieße auf gerösteten Kartoffelwürfeln

Für 10 Personen **Blitzrezept**

500 g Ochsenmaulsalat (geschnitten vom Metzger)
4 festkochende Speisekartoffeln
4 EL Sonnenblumenöl
3 EL Kräuteressig
Salz, Pfeffer, 1 Msp Zucker
1 rote Zwiebel
2 Essiggurken
1 Bund Schnittlauch

Den Ochsenmaulsalat in eine Schüssel geben und abgedeckt in den Kühlschrank stellen.
Die Kartoffeln in leicht gesalzenem Wasser bissfest kochen und anschließend pellen.
Für die Marinade 1 EL Sonnenblumenöl, Kräuteressig, Salz, Pfeffer und eine Messerspitze Zucker in einer Schüssel zusammenrühren. Die Zwiebel schälen, halbieren, in feine Streifen schneiden und zur Marinade geben. Die Marinade über den Ochsenmaulsalat gießen, gut verrühren und kalt stellen.
Die Essiggurken in feine Scheiben schneiden und für die Spieße bereit stellen.
Die gepellten Kartoffeln in Würfel von 2 cm Kantenlänge schneiden und in einer Pfanne im restlichen Sonnenblumenöl von allen Seiten goldbraun anbraten, mit Salz und Pfeffer abschmecken.
Die lauwarmen Kartoffelwürfel mit dem Ochsenmaulsalat im Wechsel mit den Essiggurkenscheiben belegen, mit einem Spieß fixieren, mit Schnittlauch bestreuen und rasch servieren.

Ein kräftige Ochsenschwanzbrühe mit Sherry nimmt das fein gelierte Ochsenschwanzfleisch in die Mitte: Schmeckt super lecker und macht optisch richtig was her.

Ochsenschwanzsülze

Für 12 Personen gut vorzubereiten

Für die Ochsenschwanzsülze:
1 kg Ochsenschwanz
2 Karotten
½ Knollensellerie
1 Knoblauchzehe
1 Zwiebel
1 EL Sonnenblumenöl
1 Lorbeerblatt
5 Wacholderbeeren
Salz, Pfeffer
3 EL Sherry
5 Blatt Gelatine

Für die Einlage:
1 Karotte
½ Knollensellerie

Für die Dekoration:
2 rote Zwiebeln
1 Bund Petersilie

Den Ochsenschwanz in handbreite Stücke hacken und mit 2 Litern kaltem Wasser in einem Topf bei mittlerer Hitze 1 Stunde leise köcheln lassen. Karotten und Sellerie schälen, in walnussgroße Stücke schneiden. Knoblauch schälen, leicht andrücken. Zwiebel mit der Schale waschen, halbieren und auf der Schnittseite in Sonnenblumenöl dunkelbraun anrösten.
Nach einer Stunde Gemüse, Zwiebel, Lorbeerblatt und Wacholderbeeren zur Ochsenschwanzbrühe geben und 45 Minuten mitkochen. Dann die Ochsenschwanzstücke herausheben und abkühlen lassen. Die Brühe durch ein feines Küchensieb passieren, auf 1 Liter reduzieren, mit Salz, Pfeffer und Sherry abschmecken. Gelatine in wenig kaltem Wasser einweichen, ausdrücken und mit einem Schneebesen in der heißen Brühe auflösen.
Für die Einlage eine weitere Karotte und die zweite Selleriehälfte schälen, in feine Würfel von ½ cm Kantenlänge schneiden, in Salzwasser bissfest kochen. Das Ochsenschwanzfleisch vorsichtig vom Knochen lösen, von überschüssigem Fett und Knorpeln befreien und fein hacken.
Die auf Zimmertemperatur abgekühlte Ochsenschwanzbrühe zu einem Drittel in kleine Weckgläser füllen, zum Gelieren für 30 Minuten in den Kühlschrank stellen. Das Einlagengemüse mit dem gehackten Fleisch mischen und als zweites Drittel auf die gelierte Brühe füllen, vorsichtig mit der restlichen Brühe auffüllen und bis zum Servieren im Kühlschrank kalt stellen. Fein gehackte rote Zwiebeln und die abgezupften Petersilienblätter bilden den Abschluss.

Der fast in Vergessenheit geratene Stuttgarter Laubfrosch ist nah verwandt mit dem Krautwickel: Die fein gewürzte Fleischfüllung wird hier jedoch in Spinatblätter gewickelt – eine echt schwäbische Delikatesse!

Stuttgarter Laubfrosch

Für 6 Personen

12 große Spinatblätter
Eiswasser
½ Brötchen vom Vortag
125 ml Milch
½ Zwiebel
½ Bund glatte Petersilie
50 g Butter
150 g feines Bratwurstbrät
1 Ei
Salz. Pfeffer, Muskat
125 ml Brühe

Den Spinat putzen und gründlich waschen. Anschließend die Blätter in reichlich kochendem Salzwasser blanchieren und direkt in Eiswasser abschrecken. Das Brötchen in feine Würfel schneiden und mit der Milch übergießen. Die Zwiebel schälen und in feine Würfel schneiden. Die Petersilie waschen, trocken schütteln und fein hacken. 25 Gramm Butter in einer Pfanne erhitzen und die Zwiebeln mit der Petersilie glasig dünsten. Brötchen, die Petersilien-Zwiebel-Mischung, Bratwurstbrät und das Ei zu einer homogenen Masse verrühren, mit Salz, Pfeffer und einer Prise Muskat abschmecken.
Jeweils 2 Spinatblätter überlappend nebeneinander legen und einen gehäuften Esslöffel der Füllung darauf geben. Die Spinatblätter rechts und links einschlagen und die „Frösche" aufrollen. Die restliche Butter in einer Pfanne erhitzen und die Frösche darin hellbraun anbraten, mit der Brühe ablöschen und für rund 20 Minuten abgedeckt bei mittlerer Hitze fertig garen. Die Laubfrösche auf den Tellern verteilen und sofort servieren.

Tipp: *Die Laubfrösche können sowohl pur als kleine Häppchen oder aber auch mit einer Beilage wie zum Beispiel einem Kartoffelpüree serviert werden.*

Preiselbeer-Meerrettich ergänzt den aromatisch gewürzten Burger aus Wildfleisch und Rauke.

Wild-Burger mit Preiselbeer-Meerrettich

Für 8 Personen gut vorzubereiten

Für die Wild-Burger:
400 g Hirsch- oder Rehkeule
50 g Zwiebeln
1 Knoblauchzehe
1 Brötchen vom Vortag
3 EL Wasser
4 EL Lemberger oder ein anderer Rotwein
4 Wacholderbeeren
5 schwarze Pfefferkörner
1 Lorbeerblatt
10 g Salz, 1 Msp Pfeffer
6 Nadeln Rosmarin
2 Thymianzweige
1 Bund Rucola
3 EL Rapsöl
8 kleine Burger Brötchen

Für den Preiselbeer-Meerrettich:
60 g Preiselbeerkonfitüre
1 TL Meerrettich, frisch gerieben

Außerdem:
Fleischwolf

Das Wildfleisch in feine Würfel schneiden und abgedeckt in den Kühlschrank stellen. Die Zwiebeln und den Knoblauch schälen und in feine Würfel schneiden. Das Brötchen würfeln und mit Wasser und Rotwein übergießen. Wacholderbeeren, Pfefferkörner und Lorbeerblatt im Mörser fein zerstoßen. Das Wildfleisch mit den Zwiebeln, dem Knoblauch, den eingeweichten Brötchen und den zerstoßenen Wacholderbeeren, Lorbeerblatt und Pfefferkörnern mischen, mit Salz und Pfeffer würzen und durch einen Fleischwolf (3 mm Scheibe) drehen. Rosmarinnadeln, Thymianzweige fein hacken und vorsichtig unter die Fleischmasse heben. Die Fleischmasse sollte ca. 2 Stunden abgedeckt im Kühlschrank ruhen, damit sich die Aromen der Kräuter entfalten können.

In der Zwischenzeit den Rucola putzen, waschen und die Preiselbeeren mit dem Meerrettich verrühren.

Fleischmasse in 8 gleiche Portionen teilen, zu gleichmäßig runden Hacksteaks formen und in 3 EL Rapsöl in einer Pfanne oder auf dem Grill medium braten. Die Burger-Brötchen halbieren, die Innenseite kurz angrillen oder toasten, mit dem Preiselbeer-Meerrettich bestreichen, mit den Hacksteaks und dem Rucola belegen.

Tipp: *Die Wildhacksteaks lassen sich sehr gut zwischen Backpapier eingefrieren.*

Maultaschen müssen nicht immer in der Suppe schwimmen! Hier werden sie in hauchdünne Scheiben geschnitten und mit einem Wildkräutersalat serviert.

Maultaschencarpaccio mit Wildkräutersalat

Für 16 Personen gut vorzubereiten

Für den Teig:
300 g Mehl
3 Eier
Salz
1 Eigelb
Mehl zum Bearbeiten

Für die Füllung:
100 ml Schlagsahne
1 Brötchen vom Vortag
300 g Zwiebeln
50 g Butter
300 g frischer Blattspinat
60 g Petersilie
Eiswasser
250 g gemischtes Hackfleisch
200 g feines Wurstbrät
3 Eier
Salz, Pfeffer, Muskat

Für den Wildkräutersalat:
Wildkräuter je nach Saison z.B. Vogelmiere, Wiesenkerbel, Schafgarbe, Giersch (ersatzweise Babyleafsalat)
3 EL Kräuteressig
4 EL Sonnenblumenöl, 3 EL Wasser
Salz, Pfeffer
2 rote Zwiebeln

Für die Maultaschen Mehl und Eier mit einer Prise Salz zu einem glatten Teig kneten. Den Teig in Klarsichtfolie einschlagen und im Kühlschrank 2 Stunden ruhen lassen.
Für die Füllung die Sahne erhitzen und das grob gewürfelte Brötchen zufügen. Die Zwiebeln fein würfeln, in der Butter glasig dünsten. Die Stiele von Blattspinat und Petersilie abschneiden, die Blätter ca. 30 Sekunden in kochendem Salzwasser abkochen. Um die grüne Farbe zu erhalten, Spinat und Petersilie sofort in Eiswasser abschrecken, dann mit einem Küchentuch trockentupfen und anschließend fein hacken. Das Hackfleisch mit Wurstbrät, Petersilie, Spinat, Eiern und den handwarmen Zwiebeln zu einer glatten Masse rühren. Die eingeweichten Brötchenwürfel vorsichtig ausdrücken, unter die Masse heben und diese mit Salz, Pfeffer und Muskat abschmecken.
Den Teig aus dem Kühlschrank nehmen, in zwei Hälften teilen und mit einem Wellholz auf

Das Rezept geht auf S. 50 weiter.

der bemehlten Arbeitsfläche in gleichmäßig dicke Rechtecke ausrollen. Die Hälfte der Maultaschenfüllung auf jeweils eine der Teigplatten geben und mit einem Teigschaber gleichmäßig verteilen. Am oberen Rand sollten 1,5 cm frei bleiben, diesen Rand mit Eigelb einpinseln. Beide Teigplatten gleichmäßig zu einer Roulade aufrollen, sodass der mit Eigelb versehene Rand den Abschluss ergibt. Die Maultaschenrouladen in leicht siedendem Salzwasser 20 Minuten kochen, wenden und nochmals 20 Minuten kochen.
Die Wildkräuter putzen, waschen und trocken schleudern. Aus Essig, Öl und Wasser eine Marinade rühren, mit Salz und Pfeffer würzen, ca. ein Drittel der Marinade beiseite stellen. Die Kräuter in der restlichen Marinade vorsichtig wenden.
Die Maultaschenrouladen aus dem Kochwasser heben, abtropfen lassen, noch heiß in feine Scheiben schneiden. Auf den Tellern zu Rosetten anrichten, mit wenig Marinade beträufeln, mit fein gehackten roten Zwiebeln belegen und mit dem Wildkräutersalat servieren.

Tipp: *Etwas dicker geschnitten schmecken die Maultaschen auch am nächsten Tag gebacken mit Ei sehr lecker.*

Meine Küchentipps: s. S. 132, Tipp 4

TAPAS *mit Gemüse und Pilzen*

Ein schnelles und unkompliziertes Frühlingsrezept mit weißem und grünem Spargel. Pfiff bekommt es durch seine leichte Schärfe.

Bunte Spargelsalsa

Für 8 Personen gut vorzubereiten

300 g weißer Spargel
300 g grüner Spargel
Salz, Zucker
Saft von 2 Zitronen
Eiswasser
1 gelbe Paprika
2 Tomaten
½ Bund glatte Petersilie
2 Chilis
5 EL Olivenöl
Pfeffer

Den weißen Spargel schälen, beim grünen Spargel nur das untere Drittel schälen, bei beiden Sorten die Enden abscheiden. In einem Topf Wasser zum Kochen bringen, Salz, Zucker und den Saft einer Zitrone dazugeben. Die beiden Spargelsorten darin bissfest kochen, anschließend in gesalzenem Eiswasser abschrecken und in feine leicht schräge Scheibchen schneiden.
Die Paprikaschote halbieren, die Kerne entfernen, die Hälften zuerst in 2 cm breite Streifen, dann leicht schräg in feine Streifen schneiden. Die Tomaten vierteln, die Kerne entfernen und in feine Streifen schneiden. Die Petersilienblätter von den Stielen zupfen und fein hacken. Die Chilis halbieren, die Kerne entfernen und in feine Streifen schneiden.
Alle Zutaten in einer großen Schüssel mischen, mit Salz, Pfeffer, Olivenöl und dem Saft einer Zitrone marinieren, abgedeckt im Kühlschrank 2 Stunden durchziehen lassen.
Die Spargelsalsa auf 8 kleinen Tellern anrichten und sofort servieren.

Tipp: *Frischen Spargel erkennt man so: Die Enden sollten glänzen und nicht eingetrocknet sein, die Spargelstangen sollten quietschen, wenn man sie aneinanderreibt und sie dürfen leichtem Druck nicht nachgeben.*

Grüner Spargel wird durch eine mit Schwarzwälder Schinken aromatisierte Sahne raffiniert veredelt.

Spargelmousse mit Schwarzwälder Schinkensahne

Für 8 Personen **gut vorzubereiten**

Für die Spargelmousse:
350 g grüner Spargel
Salz, Saft von 1 Zitrone
20 g Butter
20 g Mehl
5 Blatt Gelatine
150 ml Schlagsahne
Cayennepfeffer, Zucker

Für die Schwarzwälder Schinkensahne:
100 g Schwarzwälder Schinken
250 ml Schlagsahne
1 Prise Salz

Außerdem:
Spritzbeutel, 8 Gläschen

Den grünen Spargel im unteren Drittel schälen, dabei die holzigen Enden abscheiden. Einen Liter Wasser in einem Topf zum Kochen bringen, Salz und Zitronensaft zugeben und den Spargel darin in 15 Minuten weichkochen. Beim Abgießen 200 ml Spargelfond auffangen.
Die Butter in einem kleinen Topf zerlassen, mit dem Mehl bestäuben und auf mittlerer Hitze hell anschwitzen. Die Mehlschwitze mit dem Spargelfond ablöschen und 5 Minuten weiterköcheln.
Den Spargel grob zerkleinern, pürieren, dann die fertige Spargelvelouté dazugeben und nochmals fein pürieren. Das Püree durch ein feines Küchensieb streichen, kalt stellen.
Die Gelatine in kaltem Wasser einweichen, ausdrücken, in etwas heißer Sahne auflösen und rasch unter die Spargelmasse rühren. Wenn die Spargelmousse zu gelieren beginnt, die restliche, steif geschlagene Sahne unterheben und mit Salz, Cayennepfeffer, Zucker und einem Spritzer Zitrone abschmecken. Die Spargelmousse mit einem Spritzbeutel in die Gläser füllen und 2 Stunden kalt stellen.
Für die Schwarzwälder Schinkensahne den Schinken in feine Streifen schneiden, einige Streifen für die Deko aufheben, den Rest zusammen mit der Sahne über Nacht in den Kühlschrank stellen. Die Schinkenstreifen aus der Sahne passieren, die Sahne mit einer Prise Salz aufschlagen und mit einem Spritzbeutel mit Sterntülle dekorativ auf die Spargelmousse spritzen, mit den aufgehobenen Schinkenstreifen dekorieren und sofort servieren.

Tipp: *Probieren Sie dieses Rezept auch einmal mit jungen Möhren, mit Kürbis oder mit Erbsen.*

Die kleinen Nudeln, hergestellt aus einem Kartoffelteig, bilden mit dem weit über seine Grenzen hinaus bekannten Filderkraut ein wunderbares, traditionell gutes Duo.

Schupfnudeln („Buabenspitzle“) auf Speck-Filderkraut

Für 8 Personen gut vorzubereiten

Für die Schupfnudeln:
200 g mehligkochende Kartoffeln
1 Eigelb
4 EL Mehl
Salz, Muskat
Mehl zum Bearbeiten
gesalzenes Eiswasser
20 g Butter

Für das Speck-Filderkraut:
80 g geräucherter Bauchspeck
20 g Butterschmalz
50 ml Grauburgunder
400 g Sauerkraut
100 ml Fleischbrühe
2 Lorbeerblätter
Salz, Pfeffer

Außerdem: Kartoffelpresse

Die Kartoffeln waschen und in leicht gesalzenem Wasser in ca. 30 Minuten weich kochen.
Für das Speck-Filderkraut den Bauchspeck in feine Würfel schneiden und zusammen mit dem Butterschmalz in einem Topf leicht anschwitzen, mit dem Grauburgunder ablöschen, das Sauerkraut zugeben. Mit der Fleischbrühe auffüllen, die Lorbeerblätter zugegeben und rund 40 Minuten im geschlossenen Topf bei kleiner Hitze köcheln lassen.
Die gekochten Kartoffeln pellen und durch eine Kartoffelpresse drücken. Die abgekühlten Kartoffeln mit Eigelb und Mehl vermengen, zu einem glatten Teig kneten, mit Salz und geriebenem Muskat abschmecken. Den Kartoffelteig in einen Spritzbeutel füllen und auf die bemehlte Arbeitsfläche in langen Rollen von 2 cm Durchmesser spritzen. Die Kartoffelrollen mit Mehl bestäuben, mit einem Messer in 2 cm lange Stücke schneiden und in den Händen zu Schupfnudeln formen. Die Schupfnudeln in siedendem Salzwasser in 8 Minuten gar kochen und in gesalzenem Eiswasser abschrecken.
Die Lorbeerblätter aus dem Sauerkraut entfernen, mit Salz und Pfeffer abschmecken. Die Butter in einer Pfanne zerlassen, die Schupfnudeln darin leicht bräunen und zusammen mit dem Sauerkraut auf 8 kleinen Tellern anrichten und sofort servieren.

Tipp: *Die Schupfnudeln gelingen am besten, wenn die Kartoffeln schon am Vortag gekocht wurden.*

Getreu dem Motto Qualität vor Quantität sind heimische Waldpilze stets die bessere Alternative zu kultiviert angebauten Pilzen. Hier werden sie mit Honig, Chili und Balsamessig äußert raffiniert gewürzt.

Kartoffelpüree mit sautierten Waldpilzen

Für 8 Personen

Für das Kartoffelpüree:
800 g mehlig kochende Kartoffeln
180 ml Milch
Salz, Pfeffer, Muskat
30 g Butter

Für die Waldpilze:
400 g frische Waldpilze z.B. Stockschwämmchen, Echter Reizker, Maronen, Speise-Morcheln, Pfifferlinge, Steinpilze
2 Schalotten
3 Knoblauchzehen
5 EL Olivenöl
1 Chili
1 EL Honig
8 EL Balsamico Bianco
Salz, Pfeffer
Kerbel zum Dekorieren

Außerdem: Kartoffelpresse

Die Kartoffeln unter kaltem Wasser gründlich waschen, schälen, in walnussgroße Stücke schneiden und ca. 25 Minuten in kochendem Salzwasser weich kochen. In der Zwischenzeit die Milch aufkochen, mit Salz, Pfeffer, Muskat abschmecken. Die Kartoffelwürfel mit einer Kartoffelpresse in eine Schüssel pressen, mit der Milch übergießen und mit einem elektrischen Handrührgerät 2 Minuten lang kräftig aufschlagen. Die Butter mit einem Schneebesen in das Püree rühren.
Die Pilze mit einem Pinsel säubern und in mundgerechte Stücke schneiden. Schalotten und Knoblauch schälen, fein würfeln und in dem Olivenöl in einer Pfanne auf mittlerer Hitze anschwitzen. Die Pilze zu den Schalotten geben, für ca. 3-4 Minuten mitdünsten. Die Chilischote halbieren, entkernen und fein gewürfelt mit dem Honig zu den Pilzen geben. Die Pilze mit dem Balsamico ablöschen, mit Salz und Pfeffer abschmecken.
Das Kartoffelpüree mit den Pilzen auf Tellern anrichten und mit dem Kerbel dekorieren.

Tipp: *Da Pilze hauptsächlich aus Wasser und Eiweiß bestehen, gehören sie zu den leicht verderblichen Lebensmitteln. Doch der Mythos, dass Pilze nicht aufgewärmt werden dürfen, ist nicht richtig: Wenn die Pilze nach dem Kochen fachgerecht kalt gestellt wurden, lassen sie sich innerhalb von 24 Stunden unbedenklich aufwärmen. Beim nochmaligen Erhitzen sollte man beachten, dass die Pilze auf mindestens 70° C erhitzt werden.*

Der Ofenschlupfer, einmal nicht als Süßspeise mit Äpfeln und Vanillesoße, sondern als kleine Vorspeise mit Pfifferlingen. Eine perfekte Begleitung wäre der Riesling, der auch in der Schnittlauchsahne steckt.

Pfifferlingsschlupfer auf Schnittlauchrahm

Für 8 Personen

Für die Pfifferlingsschlupfer:
500 g Pfifferlinge
2 Zwiebeln
1 Knoblauchzehe
80 g Butter
6 Milchbrötchen vom Vortag
200 ml Schlagsahne
250 ml Ei, im Messbecher abgemessen
Salz, Pfeffer, Muskat
Paniermehl

Für den Schnittlauchrahm:
2 EL Butter
2 EL Mehl
5 EL Riesling
200 ml Schlagsahne
½ Bund Schnittlauch
Salz, Pfeffer

Außerdem:
8 Kaffeetassen

Die Pfifferlinge säubern, anschließend je nach Größe halbieren oder vierteln. Zwiebeln und Knoblauch schälen, in feine Würfel schneiden und mit 30 g Butter in einer Pfanne farblos dünsten. Die Pilze zu den Zwiebelwürfeln geben, 3 Minuten mitanschwitzen und abkühlen lassen.
Die Brötchen in Würfel von 2 cm Kantenlänge schneiden. Die Sahne mit den Eiern verquirlen, mit Salz, Pfeffer, geriebener Muskatnuss kräftig abschmecken und über die Brötchenwürfel gießen. Nach ca. 10 Minuten die abgekühlten Pfifferlinge vorsichtig unterheben. Die Tassen mit der restlichen Butter ausfetten, mit Paniermehl bestreuen und die Pilzmasse mit einer Höhe von 4 cm gleichmäßig darin verteilen. Die Tassen auf ein Backblech setzen und im vorgeheizten Backofen bei 150° C (Gas Stufe 1, Umluft 130° C) ca. 30 Minuten backen.
Für den Schnittlauchrahm die Butter in einem kleinen Topf zerlassen, mit dem Mehl bestäuben, hell anschwitzen, mit Riesling ablöschen, mit Sahne auffüllen und bei mittlerer Hitze 10 Minuten weiter kochen. Den Schnittlauch in feine Ringe schneiden, in die Rahmsoße rühren, mit Salz und Pfeffer abschmecken.
Die fertig gebackenen Pfifferlingschlupfer aus den Tassen lösen, den Schnittlauchrahm auf 8 kleinen Tellern verteilen und die Schlupfer darauf anrichten.

Tipp: *Noch besser gelingen die Schlupfer, wenn man die Tassen in die Saftpfanne des Backofens setzt und diese bis zur Hälfte der Tassen mit heißem Wasser füllt. Dies führt dazu, dass sich die Wärme besser verteilt und die Pfifferlingschlupfer während des Backens gleichmäßiger aufgehen.*

Ein Tapas-Gericht, das sich schnell und unkompliziert zubereiten lässt und dennoch unwiderstehlich lecker ist.

Schwäbische Lauch-Rahm-Nudeln

Für 8 Personen gut vorzubereiten

Für den Nudelteig:
600 g Mehl
6 Eigelb
2 Eier
2 EL Sonnenblumenöl
Salz
Mehl zum Bearbeiten

Für die Füllung:
200 g Steinchampignons
2 Stangen Lauch
450 ml Schlagsahne
200 g saure Sahne
200 ml Milch
3 Eier
1 Eigelb
Salz, Pfeffer, Muskat

Die Zutaten für den Nudelteig in einer Schüssel zu einem glatten Teig kneten und diesen in Klarsichtfolie eingeschlagen 2 Stunden im Kühlschrank ruhen lassen.
Für die Füllung die Pilze mit einem Pinsel säubern, halbieren und in feine Scheiben schneiden. Die Lauchstangen der Länge nach halbieren, unter fließend kaltem Wasser waschen und in feine Ringe schneiden. Sahne, saure Sahne, Milch, Eier mit dem Pürierstab aufmixen und mit Salz, Pfeffer und einer Prise Muskat abschmecken.
Den Nudelteig auf einer bemehlten Arbeitsfläche zu einer rechteckigen Teigplatte von 30 x 50 cm ausrollen. Die Champignons sowie die Lauchstreifen auf der Teigplatte verteilen und diese von der langen Seite her eng einrollen. Die Nudelrolle in 8 ca. 4 cm breite Stücke schneiden und diese in eine Auflaufform legen. Die Nudelrollen dann mit der Sahne-Ei-Mischung übergießen und im vorgeheizten Backofen bei 180° C (Gas Stufe 3, Umluft 160° C) 40 Minuten backen.
Die Nudeln aus der Auflaufform stechen, auf kleinen Tellern anrichten und sofort servieren.

Tipp: *Die Nudeln können auch mit Schinken, Käse, Tomaten oder verschiedenem Gemüse zubereitet werden.*

Das Bauernfrühstück ist das schwäbische Pendant zur spanischen Tortilla de patatas, die in Spanien in fast jeder Tapas-Bar angeboten wird.

Kartoffeltortilla (Schwäbisches Bauernfrühstück)

Für 6 Personen gut vorzubereiten

300 g festkochende Kartoffeln
60 g geräucherter Bauchspeck
1 Zwiebel
30 g Butterschmalz
60 g schwarze Oliven
3 Eier
4 EL Sahne
Salz, Pfeffer aus der Mühle
1 TL Kräuter der Provence

Außerdem:
6 Anrichteringe (Ø 6 cm)

Die Kartoffeln in Salzwasser in 30 Minuten gar kochen.
Den Bauchspeck fein würfeln, die Zwiebel schälen und ebenfalls in feine Würfel schneiden. Das Butterschmalz in einer ofenfesten Pfanne zerlassen und den Bauchspeck darin bei mittlerer Hitze leicht anbraten. Die Kartoffeln pellen, in feine Scheiben schneiden und zusammen mit den Zwiebelwürfeln in der Pfanne unter ständigem Wenden anbraten. Die schwarzen Oliven im Ganzen dazugeben und kurz mit anschwitzen.
Die Eier mit der Sahne aufschlagen und mit Salz und Pfeffer würzen. Die Kräuter der Provence über die Kartoffeln streuen, kurz mit anbraten und die Kartoffeln in der Pfanne zu 6 gleichen Häufchen aufteilen. Die Metallringe über die Häufchen setzten und die Ei-Sahne Mischung gleichmäßig darin verteilen. Die portionierten Bauernfrühstücke nun im vorgeheizten Backofen bei 160° C (Gas Stufe 2, Umluft 140° C) 15 Minuten backen.
Das Bauernfrühstück mit einem Messer aus dem Ring lösen, auf kleinen Tellern anrichten und direkt servieren. Zu dem Bauernfrühstück passt hervorragend ein gemischter Salat.

Tipp: *Das Bauernfrühstück kann auch im Ganzen gebacken und erst zum Schluss mit den Ringen ausgestochen werden. Oder man bäckt es in einer Tarteform und serviert es wie Kuchenstücke.*

Frittata, so heißt in Italien ein Omelett, meistens mit Gemüse. Hier mit Kartoffeln und Schwarzwurzeln in einer deutlich nördlichen Variante.

Schwarzwurzelfrittata

Für 8 Personen gut vorzubereiten

500 g Schwarzwurzeln
150 g vorwiegend festkochende Kartoffeln
1 Zwiebel
2 Knoblauchzehen
½ Bund Frühlingslauch
10 g Majoran
4 EL Sonnenblumenöl
5 Eier
100 ml Sahne
Salz, Pfeffer

Die Schwarzwurzeln und die Kartoffeln schälen, in feine Stücke schneiden und beiseitestellen. Zwiebel und Knoblauch schälen, fein hacken. Den Frühlingslauch in feine Ringe schneiden und die Majoranblättchen von den Stielen zupfen.
Die Kartoffeln mit dem Sonnenblumenöl in einer ofenfesten beschichteten Pfanne (Ø ca. 20 cm) unter ständigem Wenden anbraten und nach 4 Minuten die geschnittenen Schwarzwurzeln hinzufügen, weitere 4 Minuten anbraten, bevor Zwiebeln und Knoblauch dazugegeben werden.
Die Eier mit der Sahne vermengen, mit Salz und Pfeffer abschmecken und zusammen mit den Frühlingszwiebeln, einige Ringe für die Deko aufheben, sowie den Majoranblättchen zu Schwarzwurzeln und Kartoffeln geben.
Die Schwarzwurzelfrittata im vorgeheizten Backofen bei 150° C (Gas Stufe 1, Umluft 130° C) 20 Minuten weiter backen. Die fertige Schwarzwurzelfrittata aus der Pfanne auf ein Schneidebrett gleiten lassen, mit einem großen Küchenmesser in 8 Ecken teilen, mit etwas Frühlingslauch garnieren und rasch servieren.

Tipp: *Um zu verhindern, dass die Schwarzwurzeln nach dem Schälen braun werden, sollten sie direkt danach in Kondensmilch mit einem Spritzer Zitronensaft oder in Essigwasser gelegt werden.*

Linsen müssen nicht immer deftig zubereitet werden. Hier als Salat in einer sehr leichten und würzigen Variante.

Alblinsensalat

Für 8 Portionen **gut vorzubereiten**

250 g Alblinsen (ersatzweise Belugalinsen)
½ TL Kreuzkümmel gemahlen
½ Sellerieknolle
1 Karotte
Eiswasser
1 Apfel
Saft von ½ Zitrone
80 g Walnusskerne
4 EL Balsamico Bianco
2 EL Apfelessig
Salz, Pfeffer aus der Mühle
2 EL Sonnenblumenöl
½ Bund Frühlingslauch

Die Linsen mit dem Kreuzkümmel in einem Topf mit 1,5 Litern Wasser rasch zum Kochen bringen und bei mittlerer Hitze 20 Minuten leise weiter kochen.
Sellerie und Karotten schälen, in feine Würfel von 5 mm Kantenlänge schneiden und in kochendem Salzwasser für 30 Sekunden blanchieren, dann in gesalzenem Eiswasser abschrecken.
Apfel schälen, in ebenfalls kleine Würfel von 5 mm Kantenlänge schneiden und mit 2 Spritzern Zitronensaft beträufeln. Die Walnusskerne grob hacken.
Die gekochten Linsen abgießen und noch warm mit den beiden Essigsorten in einer Schüssel vermengen. Die Gemüse- und Apfelwürfel sowie die gehackten Walnusskerne unterheben und mit Salz und Pfeffer kräftig abschmecken. Das Sonnenblumenöl vorsichtig unter den Linsensalat rühren und diesen für 2 Stunden durchziehen lassen.
Die Frühlingszwiebeln in feinen Ringen unter den Linsensalat mischen und in Weckgläschen servieren.

Tipp: *Der Linsensalat schmeckt auch warm als Beilage zu Fisch hervorragend.*

Die schwäbische Alblinse war lange in Vergessenheit geraten, bis sie vor einigen Jahren in einer russischen Samenbank entdeckt wurde und seitdem wieder in Schwaben kultiviert wird. Ihr Geschmack ist intensiv, aromatisch nussig. Hier wird sie als Süppchen in kleinen Tassen serviert.

Espresso von der Alblinse

Für 16 Personen
gut vorzubereiten

Für den Espresso:
1 Karotte
1 Zwiebel
30 g Butterschmalz
100 g Alblinsen (ersatzweise Belugalinsen)
500 ml Gemüsebrühe
Salz, Pfeffer
1 cl Himbeeressig
30 ml Sahne

Karotte und Zwiebel schälen und in feine Würfel schneiden. Das Butterschmalz in einem Topf zerlassen und die Gemüsewürfel bei mittlerer Hitze darin glasig andünsten. Die Alblinsen zufügen, 2 Minuten mitdünsten und mit 500 ml Gemüsebrühe ablöschen. Die Linsensuppe 25 Minuten bei mittlerer Hitze leise köcheln lassen, anschließend mit einem Pürierstab fein pürieren und mit Salz, Pfeffer und Himbeeressig abschmecken.
60 ml Linsensuppe in einem hohen Gefäß beiseite stellen, den Rest in vorgewärmten Espressotassen anrichten. Die 60 ml Linsensuppe mit der Sahne auffüllen, nochmals mit Salz und Pfeffer abschmecken und mit einem Pürierstab schaumig aufmixen. Die aufgeschäumten Sahnelinsen mit einem Esslöffel auf die Suppe geben und rasch servieren.

Tipp: *Wer es gerne etwas deftiger mag, kann zu dem Suppenansatz ein Stück Rauchspeck hinzugeben. Der Speck mit seinem typischen Aroma unterstützt den feinen Geschmack der Alblinse ideal: vor dem Pürieren aus der Suppe nehmen!*

TAPAS *mit Fisch*

Maultaschen sind für die schwäbische Küche eines der typischsten Gerichte. Statt mit Fleisch mit Fisch gefüllt und mit einer aufgeschäumten Rieslingsoße serviert, werden sie zu einer sehr feinen Maultaschenvariante.

Felchenmaultäschle im Rieslingschaum

Für 8 Personen gut vorzubereiten

Für die Felchenmaultaschen:
200 g Mehl
3 Eier, Salz
Mehl zum Bearbeiten
150 g Felchenfilets
120 ml Schlagsahne
1 EL Traubenlikör
Pfeffer

Für den Rieslingschaum:
2 EL Butter
2 EL Mehl
100 ml Riesling
150 ml Schlagsahne
Salz, Pfeffer

Das Mehl mit zwei Eiern und einer guten Prise Salz zu einem glatten Teig kneten, den Teig in Klarsichtfolie einschlagen, ca. 2 Stunden im Kühlschrank ruhen lassen.

Für die Füllung das letzte Ei trennen, die Felchenfilets grob würfeln und zusammen mit der Schlagsahne, dem Traubenlikör sowie dem Eiweiß in einer Küchenmaschine zu einer feinen Farce verarbeiten, mit Salz und Pfeffer abschmecken. Den Teig halbieren und mit der Nudelmaschine oder einem Wellholz in zwei gleichmäßig rechteckige Bahnen von ca. 2 mm Stärke ausrollen.

Eine Teigbahn auf der bemehlten Arbeitsfläche ausbreiten, mit dem Eigelb einpinseln und 8 gleichmäßige Häufchen der Felchenfarce darauf verteilen. Die zweite Bahn darüber legen und mit leichtem Druck fixieren. Die Maultäschle mit einem Teigrädchen oder einem Ravioliausstecher auslösen, die Ränder nochmals mit einer Gabel nachdrücken. In kochendem Salzwasser 8 Minuten kochen.

Für den Rieslingschaum die Butter in einem kleinen Topf bei mittlerer Hitze zerlassen, das Mehl mit einem Schneebesen einrühren und unter ständigem Rühren hell anschwitzen. Mit dem Riesling ablöschen, mit der Schlagsahne auffüllen und mit Salz und Pfeffer abschmecken. Die Rieslingsoße rund 5 Minuten bei kleiner Hitze weiterköcheln lassen, dann mit einem Pürierstab aufschäumen und in 8 kleine tiefe Teller füllen, jeweils ein Felchenmaultäschle hineinsetzen.

Tipp: *Diese Maultaschen lassen sich auch prima auf Vorrat herstellen und zwischen Butterbrotpapier einfrieren.*

Flusskrebse überzeugen mit ihren äußerst feinen Geschmack. Hier werden sie in einer leichten Soße aus saurer Sahne und Joghurt mit Staudensellerie im – ein echter Hingucker! – Römersalatblatt serviert.

Flusskrebssalat im Römerherz

Für 8 Personen Blitzrezept

300 g eingelegte Flusskrebsschwänze
5 EL saure Sahne
1 EL Joghurt
Salz, Pfeffer
½ Bund Frühlingslauch
3 Stangen Staudensellerie
¼ Bund Dill
Saft ½ Zitrone
8 Blätter Römersalat, gewaschen und trocken geschleudert

Die Flusskrebsschwänze in einem Küchensieb abtropfen, unter kaltem Wasser kurz abspülen und abgedeckt in den Kühlschrank stellen.
Die saure Sahne mit dem Joghurt in einer Schüssel verrühren, mit Salz und Pfeffer abschmecken. Frühlingslauch in feine Ringe schneiden, Staudensellerie putzen, halbieren, in feine Scheiben schneiden und mit den Frühlingszwiebeln sowie dem gehackten Dill, etwas davon für die Deko aufheben, unter die Sahne-Joghurt-Soße heben. Die Flusskrebsschwänze zum Salat geben und alles mit Zitronensaft und nochmals mit Salz und Pfeffer abschmecken.
Den Flusskrebssalat in die Römerherzen füllen, mit dem restlichen Dill dekorieren und servieren.

Tipp: *Frische Flusskrebse sind in den Monaten mit einem „R" im Namen am leckersten.*

Früher beizte man Lebensmittel, um sie zu konservieren. Heute schätzt man den sehr feinen Geschmack, der bei der Lachsforelle noch durch Koriander, Honig, Limette und Ingwer verstärkt wird.

Gebeizte Lachsforelle mit Wildkräutern

Für 8 Personen gut vorzubereiten

Für die Lachsforelle:
400 g Lachsforellenfilet
8 schwarze Pfefferkörner
1 TL Korianderkörner
30 g Salz
20 g Zucker
1 EL Honig
Saft von einer ½ Limette
15 g Ingwer

Außerdem:
1 kleine Auflaufform

Für die Wildkräuter:
Wildkräuter je nach Saison z.B. Vogelmiere, Wiesenkerbel, Schafgarbe, Giersch (ersatzweise Babyleafsalat)
4 EL Traubenkernöl
3 EL Kräuteressig
2 EL Wasser
1 Msp mittelscharfer Senf
Salz, Pfeffer
1 Prise Zucker

Die Fischfilets gründlich unter kaltem Wasser abwaschen, trockentupfen und mit der Hautseite nach unten nebeneinander in eine flache Auflaufform legen. Pfeffer- und Korianderkörner in einem Mörser zerstoßen und mit Salz, Zucker, Honig und dem Limettensaft vermengen. Den Ingwer schälen, fein hacken und der Beize hinzufügen. Die Lachsforellenfilets gleichmäßig mit der Beize beträufeln, mit Klarsichtfolie abdecken und für 6 Stunden im Kühlschrank kalt stellen. Die Zutaten für die Salatmarinade mit dem Pürierstab zu einer feinen Emulsion verarbeiten und bis zum Servieren beiseitestellen.
Die fertig gebeizten Filets vorsichtig aus der Form nehmen, unter kaltem Wasser abspülen, trocken tupfen und mit einem scharfen, dünnen Messer in feine Scheibchen schneiden. Hierzu das Messer leicht schräg mit sanften Schnittbewegungen vom Körper weg bis zur Filethaut führen. Die Wildkräuter waschen, trocken schleudern und mit der Marinade vermischen. Die marinierten Wiesenkräuter auf 8 Teller verteilen und mit den Lachsforellenscheiben servieren.

Meine Küchentipps: s. S. 132, Tipp 4

Sieht traumhaft aus und schmeckt auch so: Dem Karpfen bekommt das kräftige Aroma des Bärlauchs und der erdige Geschmack der Roten Bete sehr gut.

Karpfen-Bärlauchstrudel auf Rote-Bete-Carpaccio

Für 8 Personen gut vorzubereiten

Für den Karpfen-Bärlauchstrudel:
500 g Karpfenfilet
2 Karotten
1 Zwiebel
90 g Butter
100 g Bärlauch (ersatzweise Blattspinat oder Wirsing)
100 g Crème fraîche
1 Eigelb
50 g fein geriebener Emmentaler
Salz, Pfeffer, Muskat
200 g Strudelteig
2 EL Paniermehl

Für das Rote-Bete-Carpaccio:
2 Rote Bete (ersatzweise vorgekochte Bete)
4 EL Sonnenblumenöl
3 EL Kräuteressig
2 EL Wasser
1 Msp mittelscharfer Senf
Salz, Pfeffer, 1 Prise Zucker

Die Karpfenfilets von der Haut befreien, in Würfel von 1 cm Kantenlänge schneiden und abgedeckt in den Kühlschrank stellen. Karotten und Zwiebel schälen, fein würfeln. 30 g Butter in einer Pfanne zerlassen und Karotten- und Zwiebelwürfel darin dünsten. Die Bärlauchblätter von den Stielen zupfen, fein hacken und unter die Gemüsewürfel rühren.
Die Rote Bete in reichlich kochendem Salzwasser in ca. 60 Minuten gar kochen.
Crème fraîche mit Eigelb und Emmentaler verrühren, die abgekühlten Gemüsewürfel unterrühren. Die Masse kräftig mit Salz, Pfeffer und geriebenem Muskat würzen, dann die Karpfenwürfel vorsichtig unterheben.
Den Strudelteig halbieren und eine Hälfte mit 30 Gramm zerlassener Butter einpinseln. Die andere Hälfte exakt auf die mit Butter eingepinselte Hälfte setzen und mit Paniermehl bestreuen. Die Fischmasse auf dem Teig verteilen, die Seiten einschlagen und den Teig aufrollen. Den Strudel auf ein mit Backpapier belegtes Backblech setzen, mit der restlichen Butter einpinseln und im Ofen bei 180° C (Gas Stufe 3, Umluft 160° C) in ca. 35 Minuten goldbraun backen.
Alle Marinadezutaten in einer Schüssel mit dem Pürierstab aufmixen, mit Salz und Pfeffer abschmecken. Die abgekühlten Roten Bete schälen, in hauchdünne Scheiben schneiden, kreisförmig auf Tellern anrichten, mit der Marinade beträufeln und mit einem Stück Strudel servieren.

Meine Küchentipps: s. S. 132f, Tipp 2, 8, 10

Das Prinzip ‚Fischstäbchen' für Gourmets: Brachsen- und Döbelfilets sind außen knusprig und innen zart. Serviert werden sie mit einer leckeren Remoulade.

Bodensee-Knusperfilets mit Remoulade

Für 8 Personen

Für die Knusperfilets:
400 g Brachsenfilet (ersatzweise Karpfenfilet)
400 g Döbelfilet (ersatzweise Barbenfilet)
Salz, Pfeffer aus der Mühle
4 Eier
Mehl
Paniermehl
1 l Frittierfett

Für die Remoulade:
4 Schalotten
150 g Naturjoghurt
1 TL mittelscharfer Senf
150 g Mayonnaise
150 g Essiggurken
½ Bund Schnittlauch
½ Bund Petersilie
1 EL eingelegte Kapern
Salz, Pfeffer

Die Fischfilets von der Haut befreien, mit Salz und Pfeffer von beiden Seiten würzen und in 2 cm breite Streifen schneiden. Die Eier in einer Schüssel verquirlen, dann die Filetstreifen mehlieren, im Ei wenden und anschließend im Paniermehl panieren. Die Filetstreifen abgedeckt im Kühlschrank bereitstellen.

Für die Remoulade die Schalotten schälen, in feine Würfel schneiden und für 1 Minute mit kochendem Wasser in einer kleinen Schüssel überbrühen, dann abgießen. Den Naturjoghurt, Senf und die Mayonnaise in einer Schüssel verrühren, die Schalotten, sowie die fein gewürfelten Essiggurken dazugegeben. Den Schnittlauch in feinste Ringe schneiden und die Petersilienblätter von den Stielen zupfen, fein hacken und zusammen mit dem Schnittlauch zur Remoulade geben. Die Kapern fein hacken und unter die Remoulade heben, dann mit Salz und Pfeffer abschmecken.

Die panierten Filetstreifen im 170° C heißen Fett für ca. 6 Minuten goldgelb ausgebacken, anschließend zusammen mit der Remoulade auf den 8 kleinen Tellern anrichten.

Tipp: *Natürlich kann man für dieses Rezept auch andere Fischarten nehmen.*

Meine Küchentipps: s. S. 133, Tipp 8

Störe sind den meisten Menschen nur als Kaviar-Lieferant bekannt. Wer aber einmal ihr im Geschmack sehr feines, festes Fleisch probiert hat, kommt immer wieder gerne auf diesen äußerst wohlschmeckenden Fisch zurück.

Salat vom Stör im Pastetchen

Für 8 Personen

700 g Störfilet
3 Rote Bete (ersatzweise vorgekochte Rote Bete)
200 g Naturjoghurt
50 ml Milch
Salz, Pfeffer aus der Mühle
2 Schalotten
2 Knoblauchzehen
1 Bund Frühlingslauch
½ Bund Dill
Saft von ½ Limette
80 g Butter
8 Königinpasteten

Die Störfilets in Würfel von 2 cm Kantenlänge schneiden, abgedeckt in den Kühlschank stellen. Die Rote Bete von ihren Blättern befreien, unter fließendem Wasser abbürsten und in kochendem Salzwasser in ca. 60 Minuten gar kochen.
Den Naturjoghurt mit der Milch vermengen, mit Salz, Pfeffer abschmecken. Schalotten und Knoblauchzehen schälen, in feine Würfel schneiden und zum Joghurt geben. Frühlingslauch in feine Ringe schneiden, Dill fein hacken und ebenfalls zum Joghurt geben. Den Limettensaft unter den Joghurt rühren, nochmals mit Salz und Pfeffer abschmecken.
Die Roten Bete schälen, in Würfel von 1 cm Kantenlänge schneiden und beiseite stellen. Die Butter in einer beschichteten Pfanne zerlassen, die Störwürfel unter vorsichtigem Wenden darin anbraten. Die gebratenen Störwürfel leicht mit Salz und Pfeffer würzen, zusammen mit den Rote-Bete-Würfeln vorsichtig mit dem Joghurt vermengen, rasch in die Pasteten füllen, mit frischem Dill dekorieren und sofort servieren.

Meine Küchentipps: s. S. 132f, Tipp 2, 8

Überraschender Genuss: Flusskrebsschwänze und geräuchertes Forellenfilet bilden hier die Füllung der Sushirollen – zwei Alternativen, die dem Original in nichts nachstehen.

Schwäbisches Sushi

Für 6 Personen gut vorzubereiten

Für das Sushi:
250 g Sushi Reis (japanischer Rundkornreis)
280 ml Wasser
2 EL Reisessig
1 EL Zucker
1 TL Salz
1 Salatgurke
1 gelbe Paprika
½ Bund Kerbel
½ Bund Koriander
½ Bund Schnittlauch
100 g eingelegte Flusskrebsschwänze
100 g geräuchertes Forellenfilet
Sojasoße
etwas Wasabi (japanischer Meerrettich)

Außerdem:
1 Bambusmatte, 2 Nori Blätter

Den Reis mehrmals in kaltem Wasser waschen, um die überschüssige Stärke herauszulösen. Das Wasser mit dem Reis ohne Deckel aufkochen (der Reis sollte 30 Sekunden lang kochen), bei geschlossenem Deckel auf niedrigster Stufe 15 Minuten ziehen lassen. Nachdem der Reis das Wasser vollständig aufgesogen hat, ein trockenes Küchentuch für 5 Minuten über den Topf legen, das die restliche Feuchtigkeit aufsaugt. Zucker und Salz in Reisessig auflösen, den Reis mit einem Löffel auf einem Kuchenblech verteilen, dann den Reisessig darüber träufeln und beides vorsichtig vermischen.

Gurke und Paprika in feine Streifen schneiden. Kerbel- und Korianderblättchen getrennt fein hacken. Die Bambusmatte in Klarsichtfolie einwickeln und ein Nori Blatt mittig darauf platzieren. Die Hälfte des Sushi Reises vorsichtig mit leichtem Druck 1 cm hoch auf dem Nori Blatt verteilen, sodass 2 cm des Nori Blattes am oberen Ende frei bleiben. Im unteren Bereich des ersten Blattes die Flusskrebsschwänze, Paprikastreifen, 3 Schnittlauchhalme sowie die gehackten Kerbelblätter der Länge nach auf dem Reis verteilen. Das Nori Blatt mit Hilfe der Bambusmatte vom Körper weg der Länge nach aufrollen. Darauf achten, dass die Bambusmatte nach oben zeigt und man stets mit leichtem Druck arbeitet. Den freigelassenen Teil des Nori Blattes leicht mit Wasser befeuchten und das Sushi vollends aufrollen. Das zweite Nori Blatt mit dem restlichen Reis, Forellenfilet, Gurkenstreifen, gehacktem Koriander und 3 Schnittlauchhalmen belegen und wie oben beschrieben fortfahren.

Die Rollen in 6 gleichmäßige Scheiben schneiden und zusammen mit der Sojasoße und dem Wasabi-Meerrettich servieren.

Die geschmorten Dillgurken harmonieren perfekt mit dem Zanderfilet. Außerdem: Die Zanderrouladen lassen sich prima vorbereiten und beim Eintreffen der Gäste rasch zubereiten.

Zanderroulade auf geschmorten Dillgurken

Für 8 Personen gut vorzubereiten

Für die Zanderrouladen:
1 kg Zanderfilet
4 große Wirsingblätter
gesalzenes Eiswasser
150 ml Schlagsahne
2 EL Pernod
Salz, Pfeffer

Für die Dillgurken:
1 Salatgurke
50 g Butter
½ Bund Dill
Saft von ½ Zitrone
Salz, Pfeffer

Die Zanderfilets von der Haut befreien und in vier gleich große Stücke schneiden. Dazu die Spitzen und Enden der Filets entfernen, damit man 4 rechteckige Filets von ca. 200 Gramm erhält. Die Filets sowie die Abschnitte abgedeckt im Kühlschank kalt stellen.
Die Wirsingblätter in kochendem Salzwasser 30 Sekunden blanchieren und sofort in gesalzenem Eiswasser abschrecken. Zwischen zwei Küchentüchern trocken tupfen.
200 g der Zanderabschnitte klein würfeln, mit Salz und Pfeffer würzen und zusammen mit der Sahne und dem Pernod in einer Küchenmaschine rasch zu einer feinen Farce verarbeitet.
Die trockenen Wirsingblätter auf der Arbeitsfläche auslegen, die Mittelrippe entfernen. Die Blätter mit der Fischfarce bestreichen, die leicht gewürzten Zanderfilets mittig daraufsetzen. Die Wirsingblätter links und rechts einschlagen und der Länge nach zu einer Roulade aufrollen. Die Zanderroulade mit Klarsichtfolie umwickeln, dann zum Fixieren in Aluminiumfolie eindrehen, die wie ein Bonbon links und rechts zugedreht wird. Die Zanderrouladen 20 Minuten in einem Topf bei kleiner Hitze und geschlossenem Deckel pochieren.
Für die Schmorgurken die Gurke halbieren, die Kerne mit einem Teelöffel herausschaben. Die Gurke in dünne Streifen schneiden und mit der Butter in einer Pfanne anschwitzen. Dill hacken und zusammen mit dem Zitronensaft zur Gurke geben, mit Salz und Pfeffer abschmecken.
Die Zanderrouladen aus dem siedenden Wasser nehmen, auspacken, mit einem scharfen Messer schräg halbieren und rasch mit den Schmorgurken servieren.

Meine Küchentipps: s. S. 133, Tipp 9

Streng genommen ist es kein richtiges Tatar. Aber wen kümmert das, wenn das feine Fleisch der Räucherforelle so wunderbar zusammen mit dem Sauerampfer schmeckt?

Forellentatar mit Sauerampfer-Schmand

Für 8 Personen gut vorzubereiten

Für das Forellentatar:
500 g geräuchertes Forellenfilet
1 Zwiebel
½ Bund Dill
1 Stange Staudensellerie
Saft von ½ Zitrone

Für den Sauerampfer-Schmand:
100 g Schmand
50 g Naturjoghurt
4 Blätter Sauerampfer
Salz, Pfeffer

Die Haut der Forellenfilets ablösen und die Filets mit Hilfe eines großen Küchenmessers fein hacken. Die Zwiebel schälen, in feine Würfel schneiden. Dillblättchen fein hacken, die fadenartige Haut des Staudenselleries mit Hilfe eines kleinen Küchenmessers nach unten abziehen. Staudensellerie in kleine Würfel schneiden und zusammen mit Zwiebelwürfeln und Dill zu den Forellen geben. Das Tatar mit dem Zitronensaft vermengen und abgedeckt im Kühlschrank bereitstellen.
Für den Sauerampfer-Schmand den Schmand mit dem Naturjoghurt verrühren, mit Salz und Pfeffer abschmecken. Die Sauerampferblätter halbieren und in sehr feine Streifen schneiden, dann zum Schmand geben. Der Schmand sollte eher leicht abgeschmeckt werden, um den feinen Geschmack der Forelle nicht zu beeinträchtigen.
Das Forellentatar in einen Anrichtering (Ø 8 cm) füllen, leicht andrücken, auf kleine Teller setzen und mit einem Klecks Sauerampfer-Schmand servieren.

Meine Küchentipps: s. S. 133, Tipp 7

Eine Fischterrine gehört zu den besonders festlichen Tapas. Den Kern aus Saiblingsfilet, eingewickelt in Spinatblätter, umfüllt eine zarte Farce, die mit Pernod abgeschmeckt wurde.

Seesaibling-Terrine an marinierter Brunnenkresse

Für 12 Personen gut vorzubereiten

Für die Terrine:
600 g Seesaiblingfilet
250 ml Schlagsahne
2 EL Pernod
1 Eiweiß
1 Karotte
5 große Blätter Spinat
gesalzenes Eiswasser
Salz, Pfeffer

Für die marinierte Brunnenkresse:
2 Bund Brunnenkresse
3 EL Weinessig
2 EL Wasser
1 TL Senf
1 Msp Zucker
2 EL Limonenöl
Salz, Pfeffer aus der Mühle

Außerdem:
1 Terrinenform (750 ml)

Von den Fischfilets die Haut abziehen, einen Streifen von 2 x 2 x 30 cm aus den Filets schneiden und abgedeckt kaltstellen. Den Rest der Filets (ca. 350 Gramm) klein würfeln und zusammen mit Sahne, Pernod und Eiweiß in einer Küchenmaschine rasch zu einer feinen Farce verarbeiten.
Die Karotte schälen, in feine Würfel schneiden, unter die Farce rühren und diese mit Salz, Pfeffer abschmecken. Den Blattspinat in kochendem Salzwasser für einige Sekunden blanchieren, sofort in gesalzenem Eiswasser abschrecken, trocken tupfen und die Stiele abschneiden. Den Spinat leicht überlappend nebeneinanderlegen, mit 2 EL der Farce bestreichen und den ausgeschnitten Fischstreifen damit umwickeln. Die Farce bis zur halben Höhe in die mit Klarsichtfolie ausgekleidete Terrinenform füllen und mit einem Teelöffel längs in der Mitte der Terrine eine kleine Vertiefung ziehen, in die das in Spinat eingepackte Seesaiblingfilet gelegt und leicht angedrückt wird. Mit der restlichen Farce auffüllen, glatt streichen und die Terrinenform einige Male auf die Arbeitsfläche aufstoßen, damit eventuell vorhandene Luftblasen entweichen können. Mit Klarsichtfolie bedeckt, wird die Terrine nun bei 70° C für 25 Minuten in einem Dampfgarer oder bei 150° C (Gas Stufe 1, Umluft 130° C) im vorgeheizten Backofen für 30 Minuten gegart.

Das Rezept geht auf S. 92 weiter.

Die Brunnenkresse putzen, waschen und trocken schleudern. Die Zutaten für die Marinade in einer kleinen Schüssel verrühren und mit einem Schneebesen 2 Minuten kräftig aufschlagen. Die Terrine aus dem Ofen nehmen, abkühlen lassen, aus der Form stürzen und aus der Folie wickeln.

Die kalte Terrine in etwa 2 cm breite Scheiben schneiden und mit der marinierten Brunnenkresse anrichten.

Tipp: *Wer nicht in Besitz einer Terrinenform ist, aber auf dieses leckere Rezept nicht verzichten möchte, kann die Farce auch mit Hilfe von Klarsicht- und Aluminiumfolie eindrehen. In diesem Fall lässt man den mit Spinat umwickelten Kern weg: Man würfelt die gesamte Menge Fisch und verarbeitet sie zur Farce, der gehackte Spinat wird mit der Möhre zur Farce gegeben. Dabei ist zu beachten, dass sich dadurch die Sahnemenge um ca. 200 ml, die des Eiweißes auf insgesamt 2 erhöht. Die Seesaiblingfarce in Klarsichtfolie einwickeln, dann zum Fixieren in Aluminiumfolie eindrehen, die wie ein Bonbon links und rechts zugedreht wird.*

Meine Küchentipps: s. S. 133, Tipp 8, 9, 10

TAPAS *mit Brot*

Drei Farben, drei Geschmacksrichtungen – die Aufstriche sind aber auch jeder für sich ein Hit.

Dreierlei Crostini

Für 8 Personen gut vorzubereiten

1. Mit Walnuss-Petersilien-Pesto:
20 Walnusskerne
¼ Bund glatte Petersilie
30 g Parmesan fein gerieben
5 EL Olivenöl
Salz, Pfeffer, einige Petersilienblätter als Deko

Walnusskerne im Mixer zerkleinern, Petersilie waschen, trocken schütteln und fein hacken. Zusammen mit Nüssen, Parmesan und Olivenöl verrühren, mit Salz und Pfeffer würzen.

2. Mit Karottenhummus:
200 g Karotten
100 g Kichererbsen aus der Dose
2 EL Olivenöl
1 EL Sesam
2 Knoblauchzehen
10 g Ingwer
½ TL gemahlener Kreuzkümmel
1 Msp Kardamom, Salz, Pfeffer, Zucker

Karotten schälen, der Länge nach halbieren und in Wasser (mit etwas Salz und Zucker) weich kochen. Kichererbsen abtropfen lassen, zusammen mit den Karotten pürieren, dabei das Öl tröpfchenweise zugeben. Knoblauch und Ingwer schälen, fein hacken, mit Gewürzen und Sesam unter das Hummus rühren, mit Salz und Pfeffer abschmecken.

3. Mit Zwiebelmarmelade („Zwiebelgsälz"):
40 g Rohrzucker
300 g rote Zwiebeln
5 EL Dornfelder
200 ml Portwein
100 ml Johannisbeersaft
einige Thymianblättchen als Deko

Rohrzucker in einer Pfanne karamellisieren, die gewürfelten Zwiebeln kurz unterrühren, mit Dornfelder ablöschen. Sobald der Rotwein verkocht ist, mit Portwein und Johannisbeersaft auffüllen und die Flüssigkeit bei mittlerer Hitze auf ein Drittel reduzieren.

Die Aufstriche in kleine Töpfchen füllen, mit Kräutern dekorieren und mit ofenfrischem Brot servieren. Oder die Aufstriche auf geröstete Ciabatta-Scheiben streichen und auf einer Platte servieren.

Tipp I: *Das heiße Zwiebelgsälz direkt in Einmachgläser füllen und verschlossen auf dem Kopf stehend auskühlen lassen. So ist es mindestens 2 Monate im Kühlschrank haltbar und kann hervorragend zu Käse oder Gegrilltem gegessen werden.*

Tipp II: *Erster und zweiter Aufstrich lassen sich wunderbar einfrieren. Besser in Gläschen (nicht ganz füllen) als in Plastikgefäßen.*

Schnell gemacht und herzhaft sind Fellbacher Winzerwegga der Knaller auf jeder Party!

Fellbacher Winzerbrötchen („Winzerwegga“)

Für 8 Personen **gut vorzubereiten | Blitzrezept**

4 kleine Partybrötchen
100 g Schmand
25 g Speck
30 g Kochschinken
50 g schwäbischer Rahmkäse (ersatzweise junger Gouda)
½ Bund Schnittlauch
1 EL Weißburgunder
Salz, Pfeffer aus der Mühle

Die Partybrötchen halbieren und mit der Schnittseite nach oben auf ein mit Backpapier ausgelegtes Backblech setzen. Schmand in eine Schüssel geben, Speck und Kochschinken fein würfeln, Rahmkäse fein reiben, Schnittlauch in feine Ringe schneiden und zusammen mit Speck, Kochschinken, Rahmkäse und dem Weißburgunder unter den Schmand rühren, mit Salz und Pfeffer abschmecken.
Die Masse gleichmäßig auf die Partybrötchen verteilen und im vorgeheizten Backofen bei 200° C (Gas Stufe 4, Umluft 180° C) in 10-12 Minuten goldbraun backen.

Tipp: *Für eine vegetarische Alternative können die Speck- und Schinkenwürfel durch Gemüse wie Paprika oder durch Pilze ersetzt werden.*

Das Schnitzbrot mit seinen getrockneten Früchten, den Nüssen und Gewürzen ist im Winter ein schwäbischer Klassiker. Zusammen mit kräftigem Käse könnte es zum ganzjährigen Favoriten werden.

Großmutters Schnitzbrot

Für 16 Personen gut vorzubereiten

500 g getrocknete Früchte wie Pflaumen, Feigen, Birnen, Aprikosen, Äpfel
80 g Rosinen
125 ml Dornfelder, 100 ml Rum
500 ml Wasser
20 g frische Hefe
100 g Zucker
500 g dunkles Weizenmehl (Type 1050)
1 TL Zimt, 1 Msp gemahlene Nelken
1 Msp gemahlener Sternanis
1 Ei
70 g gehackte Walnüsse
70 g gehackte Haselnusskerne
Mehl zum Bearbeiten
ca. 350 g Blauschimmelkäse oder Ziegencamembert

Die Trockenfrüchte am Vortag klein hacken, mit den Rosinen in einer Mischung aus Dornfelder, Rum und Wasser einweichen. Am nächsten Tag die eingeweichten Früchte abseihen, dabei die Einweichflüssigkeit auffangen.

Die Hefe mit etwas lauwarmem Wasser und einer Prise Zucker in einer Schüssel verrühren, etwas Mehl dazugeben und 15 Minuten zum Gären beiseitestellen.

In der Zwischenzeit das restliche Mehl, den restlichen Zucker und die Gewürze in einer großen Schüssel mischen, in der Mitte eine tiefe Mulde drücken und den Vorteig einfüllen. 250 ml der aufgefangenen Einweichflüssigkeit leicht erwärmen, zusammen mit dem Ei zu den anderen Zutaten geben und in der Küchenmaschine zu einem glatten Teig kneten. Sollte der Teig zu klebrig sein, noch etwas Mehl einarbeiten.

Den Teig abgedeckt 1 Stunde an einem warmen Ort gehen lassen, bis sich sein Volumen deutlich erhöht hat. Dann auf der bemehlten Arbeitsfläche die Trockenfrüchte, Rosinen sowie die Nüsse einarbeiten. Den Teig halbieren, zu zwei länglichen Laiben formen, mit Mehl bestäuben.

Die Laibe im vorgeheizten Backofen bei 50° C eine Stunde locker gehen lassen, bevor sie bei 200° C (Gas Stufe 4, Umluft 180° C) 30 Minuten lang, dann bei 180° C (Gas Stufe 3, Umluft 160° C) weitere 45 Minuten gebacken werden. Während des Backens werden die Brote 3 – 4 mal mit der restlichen Einweichflüssigkeit eingepinselt und nach dem Backen noch einmal – auch auf der Unterseite. Die ausgekühlten Brote in Alufolie einschlagen und vor dem Anschneiden 3 Tage liegen lassen. – Das Schnitzbrot in 1 cm dicke Scheiben schneiden und mit dem Käse servieren.

Tipp: *Gut verpackt und trocken gelagert ist das Schnitzbrot 2 – 3 Monate haltbar und dank seiner Früchte so saftig wie am ersten Tag.*

Ein Gericht mit Wow-Effekt! Kalbsleberwurstbällchen werden in Schwarzbrotkrümeln gewälzt – schmeckt super, sieht super aus. Und ist außerdem noch einfach und geht schnell, ein wahrer Gastgebertraum!

Kalbsleber-Lolli

Für 8 Personen Blitzrezept

10 g glatte Petersilienblätter
250 g Kalbsleberwurst
20 g frittierte Röstzwiebeln (ersatzweise gekaufte Röstzwiebeln)
1 EL Sherry
3 Scheiben Schwarzbrot

Außerdem:
8 Schaschlikspieße

Die Petersilie fein hacken und zusammen mit der Kalbsleberwurst in einer Schüssel verrühren. Die Röstzwiebeln ebenfalls fein hacken und zusammen mit dem Sherry unter die Kalbsleberwurst heben.
Das Schwarzbrot in der Küchenmaschine fein mahlen und auf einen Teller geben.
Aus der Kalbsleberwurstmasse 8 gleich große Kugeln formen und mit dem gemahlenen Schwarzbrot mit leichtem Druck rundum panieren.
Die panierten Kalbsleberkugeln auf die Schaschlikspieße stecken und rasch servieren.

Tipp: *Ein besonderer Effekt entsteht, wenn Sie unter das gemahlene Schwarzbrot noch etwas Peta Zeta mischen. Die Knallbrause ist in jeder Süßwarenabteilung erhältlich und harmoniert mit ihrer leichten Süße hervorragend mit der Kalbsleber.*

Man könnte die Dinnete für die schwäbische Antwort auf den Flammkuchen halten, wenn sie nicht eine wesentlich längere Tradition hätten. Denn sie gehen auf den ausgewalzten Brotteig für Bauernbrote zurück: Diese dünne Teigplatte wurde früher probeweise in den Ofen geschoben, um zu testen, ob er bereits die richtige Temperatur hatte. Heute sind Dinnete so beliebt wie Pizza und Flammkuchen und werden ganz ähnlich belegt, hier mit Zwiebeln, Käse und der spanischen Chorizo.

Schwäbische Dinnete mit Chorizo

Für 8 Personen gut vorzubereiten

Für den Teig:
20 g frische Hefe
300 ml lauwarmes Wasser
400 g Mehl (Type 550)
100 g Dinkelmehl (Type 1050)
10 g Salz
Mehl zum Bearbeiten

Für den Belag:
3 Zwiebeln
200 g Chorizo (spanische Paprikawurst, ersatzweise eine andere luftgetrocknete Wurst)
200 g saure Sahne
Salz, Pfeffer aus der Mühle
100 g geriebener Emmentaler

Die Hefe in dem lauwarmen Wasser auflösen und zusammen mit den anderen Zutaten zu einem glatten Teig kneten, der abgedeckt an einem zugfreien und warmen Ort gut zwei Stunden gehen muss.
Die Zwiebeln schälen, halbieren und in feine Streifen schneiden. Die Haut der Chorizo abziehen, die Wurst anschließend in feine Scheiben schneiden.
Den Hefeteig in 8 gleich große Kugeln formen, die nochmals 10 Minuten ruhen müssen. Die Teigkugeln auf der bemehlten Arbeitsfläche zu dünnen, länglichen Fladen ausrollen. Die Teigfladen mit der sauren Sahne bestreichen, salzen und pfeffern. Die Dinnete mit den Zwiebelstreifen und den Chorizoscheiben belegen, mit dem geriebenen Emmentaler bestreuen.
Zum Backen einen Brotbackstein eine halbe Stunde bei 250° C (Gas Stufe 7, Umluft 230° C) aufheizen, die Dinnete darauf legen und in 10 Minuten fertig backen.

Tipp: *Wer öfter Pizza isst – egal ob selbst gemacht oder TK – wird einen Brotbackstein bald zu schätzen wissen. Er holt aus Pizza, Flammkuchen und Dinnete viel mehr an Geschmack heraus als der Backofen! Selbst auf einem Kugelgrill kann man mit solch einem Stein eine perfekte Pizza zubereiten.*

Einfach und gut: Rösche Butterbrotwürfel kombiniert mit mediterranem Schmorgemüse – besonders an Sommerabenden ein Hochgenuss!

Brotsalat mit Schmorgemüse und Oliventapenade

Für 8 Personen gut vorzubereiten

Für das Schmorgemüse:
je 1 rote und gelbe Paprika
2 Zucchini
4 Knoblauchzehen
80 ml Sonnenblumenöl
Salz, Pfeffer
80 ml Olivenöl

Für die Oliventapenade:
120 g schwarze Oliven
10 g Kapern
1 Knoblauchzehe
3 EL Olivenöl
½ TL mittelscharfer Senf
Salz, Pfeffer
Saft von ½ Zitrone

Für den Brotsalat:
600 g Bauernbrot
125 g Butter
½ Bund glatte Petersilie

Die Paprika halbieren, putzen, die Paprikahälften in Quadrate mit 2 cm Kantenlänge schneiden. Die Zucchini der Länge nach vierteln, die Kerne mit einem Löffel herausschaben und ebenfalls in 2 cm lange Würfel schneiden. Den Knoblauch schälen und grob hacken. Das Gemüse in einer Pfanne mit Sonnenblumenöl scharf anbraten, mit Salz und Pfeffer würzen und den Knoblauch dazugeben. Das gebratene Gemüse in eine Auflaufform geben, mit dem Olivenöl beträufeln und im vorgeheizten Backofen bei 180° C (Gas Stufe 3, Umluft 160° C) 12 Minuten lang schmoren.
Für die Tapenade Oliven, Kapern und Knoblauch im Mixer zerkleinern, das Öl dazugeben und mit Senf, Salz, Pfeffer und Zitronensaft abschmecken.
Das Bauernbrot in Würfel von 2 cm Kantenlänge schneiden und in einer Pfanne in der Butter bei mittlerer Hitze goldbraun rösten. Die Petersilie fein hacken, die gerösteten Brotwürfel auf Küchenkrepp abtropfen lassen und anschließend in einer Schüssel mit der gehackten Petersilie, Oliventapenade und den restlichen Zutaten mischen.
Den Brotsalat auf 8 kleine Teller verteilen, mit etwas glatter Petersilie garnieren und rasch servieren.

Tipp: *Für dieses Gericht eignet sich auch altbackenes Brot.*

Les poivrons

Das Ulmer Zuckerbrot war früher ausschließlich den Reichen vorbehalten. Da Ulm aber im Schnittpunkt mehrer Handelswege lag, waren die ansonsten teuren Zutaten dort leichter und günstiger zu bekommen. Dies soll sich ein Hofbäcker zunutze gemacht haben und dieses Brot mit seinem leicht würzigen, feinen Geschmack kreiert haben.

Ulmer Zuckerbrot

Für 10 Personen **gut vorzubereiten**

Für den Vorteig:
50 ml Milch
30 g frische Hefe
10 g Zucker
10 g Mehl

Für den Hauptteig:
250 g Weizenmehl
250 g Dinkelmehl (Type 605)
5 g Salz
1 TL Sternanis, gemahlen
1 TL Fenchelsamen, gemahlen
100 ml Milch
80 g Butter
15 g Honig
3 EL Rosenwasser (aus der Apotheke)
100 ml süßer Sherry
2 Eier

Die lauwarme Milch mit den restlichen Zutaten zu einem Vorteig verarbeiten; an einem warmen Ort abgedeckt 30 Minuten ruhen lassen.
In einer großen Schüssel die beiden Mehlsorten und die Gewürze mischen, den Vorteig dazugeben und nochmals 10 Minuten ruhen lassen. Die Milch mit 30 g Butter und dem Honig leicht erwärmen und zusammen mit Rosenwasser, Sherry und den Eiern in die Schüssel geben und in der Küchenmaschine zu einem glatten Teig verarbeiten.
Eine große Brotbackform oder eine Kastenform mit der restlichen Butter ausbuttern und den Zuckerbrotteig darin verteilen. Der Teig sollte nochmals rund 30 Minuten ruhen, bevor er im vorgeheizten Backofen bei 180° C (Gas Stufe 3, Umluft 160° C) für 30 Minuten und anschließend bei 150° C (Gas Stufe 2, Umluft 140° C) in weiteren 20 Minuten goldbraun gebacken wird.
Das fertige Zuckerbrot aus der Form stürzen, in Scheiben schneiden und getoastet oder frisch mit Vanillesoße auf 10 kleinen Tellern anrichten und sofort servieren.

Meine Küchentipps: s. S. 132, Tipp 6

Einfach vorzubereiten und sündhaft lecker.

Bärlauch- und Olivenbutter mit Brotchips

Für 8 Personen **gut vorzubereiten**

Für die Bärlauchbutter:
200 g zimmerwarme Butter
120 g frischer Bärlauch
Salz, Pfeffer aus der Mühle

Für die Olivenbutter:
200 g zimmerwarme Butter
150 g schwarze Oliven ohne Stein
1 Knoblauchzehe
1 Bio-Zitrone
Salz, Pfeffer aus der Mühle

Für die Brotchips:
1 Baguette

Die Butter für beide Varianten mit einem Rührgerät in einer Schüssel schaumig schlagen. Die Hälfte der schaumigen Butter in eine weitere Schüssel umfüllen.
Die Bärlauchstängel abschneiden, die Blätter fein hacken, unter die Butter rühren und mit Salz und Pfeffer abschmecken.
Die Oliven ebenfalls fein hacken und in die Butter rühren. Die Knoblauchzehe abziehen, fein würfeln, zusammen mit dem Abrieb einer halben unbehandelten Zitrone unter die Butter rühren, mit Salz und Pfeffer würzen.
Für die Brotchips das Baguette in 1,5 cm breite Scheiben schneiden und im vorgeheizten Backofen bei 160° C (Gas Stufe 2, Umluft 140° C) in 12 Minuten kross backen. Die Brotchips in einem kleinen Brotkorb zusammen mit den Buttertöpfchen servieren.

Tipp 1: *Um die Butter optisch noch ein wenig aufzupeppen, kann sie in Silikonförmchen gefüllt werden.*
Tipp 2: *Die gestürzten Butterformen können tiefgefroren werden, was sich besonders für die Zeit außerhalb der relativ kurzen Bärlauchsaison anbietet.*

Bauernbrot mit Griebenschmalz

Für 8 Personen gut vorzubereiten

Für das Griebenschmalz:
700 g grüner Speck (beim Metzger eventuell vorbestellen)
80 ml Wasser
3 Zwiebeln
2 Äpfel
10 g Majoran
10 g Petersilie
Salz, Pfeffer aus der Mühle

Den grünen Speck in kleine Würfel von 1 cm Kantenlänge schneiden und mit dem Wasser in einem Topf auf mittlerer Flamme zerlassen. Wenn das Wasser vollständig verdampft ist, kann die Temperatur ein wenig erhöht werden.
Zwiebeln und Äpfel schälen und ebenfalls in kleine Würfel von 1 cm Kantenlänge schneiden. Majoran und Petersilie waschen, trocken schütteln, die Blättchen abzupfen und fein hacken.
Wenn der grüne Speck vollständig zerlassen ist und die Grieben braun zu werden beginnen, die Zwiebel- und Apfelwürfel in 2 Etappen in das Fett geben.
Wenn die Apfel-Zwiebel-Würfel eine goldbraune Farbe angenommen haben, die gehackten Kräuter zugeben und das Griebenschmalz nach 5 Minuten vom Feuer ziehen und beiseitestellen.
Das feste Griebenschmalz mit Salz und Pfeffer würzen und kräftig durchmischen, dann in kleine Schälchen füllen und mit einem ofenwarmen Bauernbrot servieren.

Tipp 1: *In Einmachgläser abgefüllt ist das Griebenschmalz mindestens 2–3 Monate haltbar.*

Tipp 2: *Das Griebenschmalz lässt sich auch hervorragend zum Kochen und Backen verwenden. Je nach Gericht sollte es jedoch nur kurz erhitzt und die Grieben herauspassiert werden. Besonders lecker werden damit knusprige Bratkartoffeln.*

TAPAS mit Zucker

Breschtling heißt die Erdbeere im Schwäbischen. Für dieses Dessert werden Erdbeeren, Streusel und eine feine Mascarponecreme mit Amaretto in einem Glas geschichtet – un-wi-der-steh-lich!

Erdbeer-Trifle („Beschwipster Breschtling")

Für 8 Personen gut vorzubereiten

Für die Streusel:
150 g Mehl
80 g Rohrzucker
80 g zimmerwarme Butter
1 Prise Salz

Für die Erdbeercreme:
600 g Erdbeeren
60 g Zucker
15 Minzeblättchen
100 ml Amaretto
300 g Mascarpone
1 Vanilleschote
200 ml Schlagsahne
8 kleine Erdbeeren als Deko

Für die Streusel alle Zutaten mit den Händen rasch zu einem Streuselteig kneten, auf einem mit Backpapier ausgelegten Backblech verteilen und im vorgeheizten Backofen bei 180° C (Gas Stufe 3, Umluft 160° C) rund 12 Minuten backen. Die Streusel aus dem Ofen nehmen und abkühlen lassen.

Für die Erdbeercreme die Erdbeeren kurz waschen, die Stielansätze entfernen, 100 g Erdbeeren beiseitestellen. Die restlichen Erdbeeren in kleine Würfel von ½ cm Kantenlänge schneiden und mit 20 Gramm Zucker bestreuen. Die Minzeblättchen in sehr feine Streifen schneiden, zu den Erdbeerwürfeln geben, die übrigen Erdbeeren fein pürieren. Das Erdbeerpüree mit dem Amaretto zu den Erdbeerwürfeln geben und vorsichtig unterheben. Mascarpone mit dem restlichen Zucker und dem Vanillemark kräftig aufschlagen bis sich der Zucker gelöst hat. Die Sahne steif schlagen, vorsichtig unter die Mascarponecreme heben.

Die Gläser schichtweise – beginnend mit Streuseln, dann Creme, dann Erdbeeren – im Wechsel füllen. Mit je einer kleinen Erdbeere und Minzeblättchen dekorieren und sofort servieren.

Tipp 1: *Bei diesem Nachtisch lassen sich die einzelnen Bausteine gut vorbereiten: Zusammengesetzt wird dann alles kurz vor dem Servieren.*

Tipp 2: *Statt Erdbeeren kann man den Trifle auch mal mit Heidel- oder Himbeeren probieren.*

Als Kind konnte man nie genug davon bekommen. Aber auch für Erwachsene ist der liebenswert altmodische Kirschmichel immer noch ein Traum.

Kirschmichel mit Vanillesoße

Für 8 Personen gut vorzubereiten

Für den Kirschmichel:
8 Milchbrötchen
600 ml Milch
90 g Zucker
900 g Kirschen (ersatzweise 2 Gläser Sauerkirschen)
4 Eier
100 g Butter
1 Msp Salz
Zimt, gemahlen
Butter für die Form

Für die Vanillesoße:
450 ml Milch
90 g Zucker
2 Vanilleschoten
4 Eigelb
250 ml Sahne
5 g Speisestärke

Die Brötchen in fingerdicke Scheiben schneiden und in eine Schüssel legen. Die Milch mit 30 g Zucker leicht erwärmen und in dünnem Strahl über die Brötchenscheiben gießen. Die Kirschen waschen und entsteinen bzw. die Kirschen aus dem Glas abgießen. Die Eier trennen. Die restliche Butter mit dem Zucker und dem Eigelb schaumig aufschlagen, Zimt zugeben und alles vorsichtig unter die eingeweichten Brötchen rühren. Das Eiweiß mit dem Salz steif schlagen und zusammen mit den Kirschen unter die Brötchenmasse heben, dann in eine rechteckige Auflaufform (Maße 14 x 10 cm) oder in 8 kleine mit Butter eingefettete Auflaufformen (Ø 12 cm) füllen.
Kirschmichel im vorgeheizten Backofen bei 180° C (Gas Stufe 3, Umluft 160° C) rund 35 Minuten backen.
Für die Vanillesoße die Milch mit dem Zucker und dem Mark der Vanilleschoten aufkochen. Das Eigelb mit Sahne und Speisestärke verquirlen, mit einem Schneebesen unter ständigem Schlagen in die kochende Milch einrühren und sofort vom Herd ziehen.
Die gebackenen Kirschmichel noch ofenwarm mit der Vanillesoße servieren.

Tipp: *Diese Variante der Vanillesoße ist in ihrer Herstellung sehr einfach, sie schmeckt super und gelingt absolut sicher.*

Ein mit seinen Aromen sehr interessantes Dessert: Vorsicht Suchtgefahr!

Lavendelblütenschnitte mit Himbeerrahmeis

Für 8 Personen **gut vorzubereiten**

Für die Lavendelblütenschnitte:
130 ml Wasser
100 g Zucker
10 g frische Lavendelblüten
750 ml Milch
25 g Butter
1 Prise Salz
200 g Weichweizengrieß
1 Eigelb
etwas Mehl zum Panieren
1 Ei
Paniermehl
30 g Butterschmalz

Für das Himbeerrahmeis:
300 g frische Himbeeren
100 ml Schlagsahne
90 g Zucker
Saft von ½ Zitrone
einige Himbeeren für die Deko

Die Himbeeren für das Eis zum Durchfrieren in den Tiefkühlschrank stellen.
Für die Lavendelblütenschnitten das Wasser mit dem Zucker aufkochen, bis sich der Zucker vollständig aufgelöst hat. Die Lavendelblüten in die lauwarme Zuckerlösung geben und zum Durchziehen beiseitestellen.
Milch mit Butter, einer Prise Salz, 60 ml der Lavendel-Zuckerlösung aufkochen und den Grieß unter ständigem Rühren zugeben. Den entstandenen Grießbrei kurz quellen lassen, das Eigelb und die abgesiebten Lavendelblüten rasch unterschlagen und sofort in eine rechteckige zuvor mit kaltem Wasser ausgespülte Auflaufform (30 x 15 cm) füllen. Den Grießbrei in einer Höhe von 3 Zentimetern glatt verstreichen und für 2 Stunden in den Kühlschrank stellen.
Den festen Grießbrei auf ein Schneidebrett stürzen, in 8 gleichmäßige Rauten schneiden. Ober- und Unterseite der Rauten in Mehl wenden, durch das verquirlte Ei ziehen und leicht im Paniermehl andrücken. Butterschmalz in einer Pfanne zerlassen, die Rauten darin goldbraun anbraten.
Die gefrorenen Himbeeren in einen Mixer füllen, Sahne, Zucker, Zitronensaft dazu geben, den Deckel schließen und alles zu einer cremigen Eismasse mixen. Das Eis mit einem Suppenlöffel ausstechen, mit Himbeeren dekorieren und zusammen mit den gebratenen Grießschnitten servieren.

Tipp: *Damit die Lavendelblüten ihr ganzes Aroma zur Geltung bringen, sollten sie schon am Vortag in die lauwarme Zuckerlösung eingelegt werden.*

Die Nonnenfürzle sind als schwäbischer Klassiker fast nur um Fastnacht herum bekannt. Hier wird das Schmalzgebäck mit einer raffinierten Arabica-Sahne kombiniert.

Nonnenfürzle mit weißer Arabica-Sahne

Für 8 Portionen

Für die Nonnenfürzle:
500 ml Milch
100 g Butter
½ TL Salz
250 g Mehl
6 Eier
50 g Zucker
½ TL Backpulver
2 l Frittierfett
50 g Zucker-Zimt-Mischung

Für die Arabica-Sahne:
200 g Arabica-Bohnen
400 ml Schlagsahne
30 g Zucker

Außerdem:
Fritteuse

Die Kaffeebohnen für die Arabica-Sahne am Vortag in der flüssigen Sahne einweichen.
Für die Nonnenfürzle einen Brandteig herstellen: Die Milch mit der Butter und dem Salz in einem Topf zum Kochen bringen. Das Mehl auf einmal in die kochende Milch einrühren und so lange rühren, bis sich der Teig vom Topfboden löst. Den Topf von der Flamme nehmen und die Eier einzeln nacheinander kräftig unter den Teig schlagen, dann Zucker und Backpulver unterrühren. Die Nonnenfürzle portionsweise mit einem Teelöffel in das 170° C heiße Fett stechen und darin goldgelb ausbacken.
Die Kaffeebohnen durch ein feines Küchensieb abgießen, die mit Arabica aromatisierte Sahne mit dem Zucker steif schlagen und zusammen mit den noch warmen, in Zimt-Zucker gewendeten Nonnenfürzle servieren.

Tipp: *Damit die Sahne schneeweiß bleibt, müssen unbedingt ganze Bohnen verwendet werden.*

Aus Linsen lassen sich nicht nur salzige Gerichte zubereiten. Die süßen Schoko-Linsenplätzchen harmonieren perfekt mit dem erfrischenden Aprikosenkompott. Tipp: Verraten Sie nicht, woraus die Schoko-Linsenplätzchen bestehen, sondern lassen Sie Ihre Gäste die Zutaten erraten!

Schoko-Linsenplätzchen mit Aprikosenkompott

Für 16 Portionen **gut vorzubereiten**

Für die Schoko-Linsenplätzchen
150 g Alblinsen (ersatzweise Belugalinsen)
2 Vanilleschoten
150 g Zucker
350 ml Wasser
300 g Mehl
125 g Kokosraspeln
200 g Butter
100 g Zartbitterschokolade
50 ml Schlagsahne

Für das Aprikosenkompott:
900 g Aprikosen
200 ml Wasser, Eiswasser
150 g Zucker
Saft einer Zitrone
½ Bund Minze

Für die Schoko-Linsenplätzchen die Alblinsen kurz waschen, zusammen mit dem Mark der Vanilleschoten und dem Zucker in einem Topf mit 350 ml Wasser zum Kochen bringen und in 45 Minuten bei mittlerer Hitze weich kochen.
In der Zwischenzeit Mehl, Kokosraspeln und Butter zu Streuseln kneten. Zwei Drittel der Streusel in einer rechteckigen Backform (20 x 30 cm) zu einem festen Teigboden zusammendrücken. Von den noch heißen, weich gekochten Linsen 4 EL herausnehmen, den Rest mit einem Pürierstab fein pürieren. Gehackte Schokolade zusammen mit der Sahne unter die Linsen rühren, die zuvor herausgenommenen Linsen dazugeben und die Linsen-Schoko-Masse auf den Teigboden streichen. Die restlichen Streusel locker auf den Linsen verteilen, leicht andrücken und im vorgeheizten Backofen bei 180° C (Gas Stufe 3, Umluft 160° C) rund 35 Minuten backen.
Für das Kompott die Aprikosen mit einem Messer leicht einritzen, 30 Sekunden im kochenden Wasser abbrühen, sofort in Eiswasser abschrecken. Die Haut abziehen, Aprikosen halbieren und die Kerne herauslösen. Die halbierten Aprikosen nochmals halbieren und der Länge nach in feine Scheiben schneiden. Wasser mit Zucker und Zitronensaft rasch zum Kochen bringen, die Aprikosenscheibchen dazugeben und bei geschlossenem Deckel 10 Minuten köcheln.
Minzeblättchen von den Stielen zupfen, in sehr feine Streifen schneiden, unter das fertige Aprikosenkompott rühren. Den fertig gebackenen Schoko-Linsenkuchen leicht abkühlen lassen, in kleine Rechtecke schneiden, auf die Teller setzen und mit dem Aprikosenkompott servieren.

Das Blaubeerkompott macht den Käsekuchen erst richtig rund.

Schwäbischer Käsekuchen mit Blaubeerkompott

Für 12 Personen gut vorzubereiten

Für den Mürbeteig:
300 g Mehl
200 g Butter
100 g Zucker
1 Ei
Mark einer Vanilleschote
½ TL Backpulver

Für den Belag:
5 Eiweiß
1 Prise Salz
5 Eigelb
250 g Zucker
100 g Butter
750 g Speisequark
125 g saure Sahne
1 Bio-Zitrone
50 g Maisstärke

Für das Blaubeerkompott:
600 g Blaubeeren, 80 ml Wasser
80 g Zucker
Mark einer Vanilleschote
Saft von ½ Zitrone

Aus den Teigzutaten einen Mürbeteig kneten, in Klarsichtfolie einschlagen und 1 Stunde im Kühlschrank ruhen lassen.
Für den Belag das Eiweiß mit einer Prise Salz steif schlagen. Eigelb mit Zucker und flüssiger Butter schaumig schlagen, saure Sahne, Speisequark, Maisstärke, Abrieb sowie den Saft einer Zitrone dazugeben und alles zu einer glatten Masse rühren. Das geschlagene Eiweiß vorsichtig unter die Quarkmasse heben und beiseitestellen.
Eine Springform (Ø 28 cm) mit Butter ausfetten. Den Mürbeteig auf einer leicht bemehlten Arbeitsfläche ausrollen, die Springform damit auskleiden und den Rand auf 6 cm hochziehen. Die Käsekuchenmasse in die Springform füllen und im vorgeheizten Backofen bei 200° C (Gas Stufe 4, Umluft 180° C) 40 Minuten backen, dann den Kuchen mit Alufolie abdecken und weitere 20 Minuten backen.
Für das Kompott 80 ml Wasser mit dem Zucker rasch in einem Topf aufkochen, Vanillemark, Zitronensaft und Blaubeeren dazugeben. Die Blaubeeren unter mehrmaligem Rühren 10 Minuten leise weiterköcheln, bis sie beginnen aufzuplatzen und sich die Flüssigkeit ein wenig reduziert hat. Aus dem abgekühlten Käsekuchen 12 Würfel schneiden, auf kleinen Tellern anrichten und mit dem Blaubeerkompott servieren.

Meine Küchentipps: s. S. 132, Tipp 5

Die einzige Torte, die von vornherein zeigt, was in ihr steckt! Nämlich wie bei der großen Schwester Schokobiskuit, Kirschen und Creme.

Schwarzwälder Kirschtorte im Glas

Für 16 Personen gut vorzubereiten

Für den Biskuit:
3 Eier
1 Prise Salz
90 g Zucker
50 g Mehl
25 g Maisstärke
25 g Kakao

Für die Füllung:
250 g Sauerkirschen (ersatzweise a. d. Glas)
80 g Zucker
½ Stange Zimt
30 g Maisstärke, 60 ml Wasser
60 ml Kirschwasser
350 ml Schlagsahne
16 Kirschen zum Dekorieren
15 g Bitterschokolade

Für den Biskuit die Eier trennen, das Eiweiß mit dem Salz steif schlagen. Eigelb mit dem Zucker schaumig rühren und unter den Eischnee ziehen. Das Mehl zusammen mit der Maisstärke und dem Kakao zu der Zucker-Ei-Masse sieben und mit dem Schneebesen vorsichtig unterheben. Den Boden einer Springform (Ø 26 cm) mit Backpapier auslegen, die Biskuitmasse darauf verteilen und im vorgeheizten Backofen bei 180° C (Gas Stufe 3, Umluft 160° C) 20 Minuten backen.

Für die Füllung die Kirschen entsteinen, mit 50 g Zucker vermengen und zum Durchziehen 30 Minuten beiseitestellen. Kirschsaft abgießen und mit Wasser auf 100 ml ergänzen. Für Kirschen aus dem Glas: Kirschen abtropfen lassen, 100 ml Kirschsaft abmessen. Den Kirschsaft mit der halben Zimtstange in einem kleinen Topf zum Kochen bringen. Die Maisstärke in 60 ml Wasser auflösen und damit den kochenden Kirschsaft binden. Die Kirschen in die gebundene Flüssigkeit geben, 5 Minuten bei mittlerer Hitze mitkochen, dann das Kirschwasser unterrühren.

Die Sahne mit dem restlichen Zucker steif schlagen. Den ausgekühlten Biskuit aus der Form nehmen und 32 Taler ausstechen, die denselben Durchmesser wie die Gläser haben müssen. Den Boden der Gläser mit je einem Biskuittaler auslegen, mit Kirschen belegen und die Sahne mit einem Spritzbeutel daraufspritzen. Diesen Vorgang nochmals mit Biskuit, Kirschen und einem Sahnetürmchen wiederholen.

Die fertig geschichteten Gläser mit je einer Kirsche und feinen Schokoraspeln dekorieren.

Tipp: *Sind die Biskuittaler zu hoch, können sie einfach etwas gekürzt oder sogar halbiert werden. Die überzähligen Biskuittaler können problemlos in einem geschlossenen Behälter eingefroren werden.*

Maultaschen gefüllt mit süßem Kartoffelteig zu leicht säuerlichem Rhabarberkompott – hmmm!

Süße Kartoffelmaultäschle auf Rhabarberkompott

Für 12 Personen

Für den Teig:
300 g Mehl
20 g Zucker
3 Eier
Mehl zum Bearbeiten

Für die Füllung:
1 Ei
4 Eigelb
200 g Zucker
80 g Butter
700 g gekochte Kartoffeln vom Vortag
100 g Mehl
Zimt, gemahlen
Eigelb zum Verkleben

Für das Rhabarberkompott:
800 g Rhabarber
180 g Zucker
200 ml Dornfelder
500 ml Johannisbeersaft
1 Vanilleschote
30 g Maisstärke, 3 EL Wasser

Außerdem: Kartoffelpresse

Die Zutaten für den Maultaschenteig in einer Schüssel zu einem glatten Teig kneten, in Klarsichtfolie einschlagen und 1 Stunde im Kühlschrank ruhen lassen.
Für die Füllung das ganze Ei mit dem Eigelb, Zucker und Butter schaumig schlagen, die Kartoffeln mit einer Kartoffelpresse dazu drücken und zu einer glatten Masse rühren. Mehl dazu sieben, mit einer guten Prise Zimt abschmecken und beiseitestellen.
Für das Rhabarberkompott den Rhabarber putzen, in dünne Scheiben von 5 mm Dicke schneiden. Den Zucker in einem Topf karamellisieren, mit dem Dornfelder ablöschen, auf die Hälfe reduzieren und anschließend mit dem Johannisbeersaft auffüllen. Das Vanillemark zufügen, rasch aufkochen, dann mit der in 3 EL Wasser aufgelösten Maisstärke binden. Die Rhabarberscheiben dazu gegeben und bei mittlerer Hitze 5 Minuten mitkochen.
Den Maultaschenteig aus dem Kühlschrank nehmen, halbieren und mit einem Wellholz auf der bemehlten Arbeitsfläche zu zwei gleich großen Rechtecken ausrollen. Ein Rechteck mit etwas Eigelb bepinseln und die Kartoffelfüllung darauf verteilen. Die andere Teigplatte darüberlegen, gleichmäßig mit leichtem Druck fixieren und mit Hilfe eines Kochlöffelstiels oder eines dünnen Rundholzes in kleine Vierecke teilen: Dazu mit dem Rundholz längs und quer Linien im Abstand von 5 cm eindrücken, die mit einem Teigrädchen abgerollt werden. Die ausgelösten Maultaschen in gesüßtem kochendem Wasser in ca. 10 Minuten garkochen, mit

einer Schaumkelle entnehmen und direkt mit dem noch lauwarmen Rhabarberkompott servieren.

Tipp: *Wer auf den Alkohol im Rhabarberkompott verzichten möchte, ersetzt ihn einfach durch mehr Johannisbeersaft.*

Schokoladenfans werden mit diesem Rezept überglücklich.

Waldenbucher Schokoladenküchle mit flüssigem Kern

Für 10 Personen gut vorzubereiten

Für die Schokoladenküchle:
200 g Ritter Sport Edelbitter Schokolade (ersatzweise eine andere Schokolade mit mindestens 73% Kakaogehalt)
200 g Butter
6 Eier
100 g Zucker
60 g Mehl
1 gestrichener EL Backpulver
Früchte zum Dekorieren

Die Schokolade mit der Butter in einer Schüssel auf dem Wasserbad zum Schmelzen bringen. Die Eier mit dem Zucker in einer Schüssel verrühren und ebenfalls im Wasserbad (oder über einem Topf mit kochendem Wasser) mit dem Schneebesen cremig aufschlagen. Dabei darauf achten, dass die Schüssel keinen Kontakt mit dem Wasser hat, die Masse stets in Bewegung ist und nie über 80° C erhitzt wird.
In die aufgeschlagene Zucker-Ei-Masse die flüssige Schokoladen-Butter-Masse einrühren, Mehl und Backpulver dazu sieben und rasch unterrühren.
Den Schokoteig in 10 kleine Porzellanschälchen füllen und im vorgeheizten Backofen bei 180° C (Gas Stufe 3, Umluft 160° C) 8 Minuten backen.
Die Schokoladenküchlein mit Puderzucker bestäuben, mit Früchten dekorieren und sofort servieren.

Tipp: *Die Schokoladenküchle können prima vorbereitet werden. Bis zum Backen werden sie im Kühlschrank kalt gestellt; die Backzeit erhöht sich hierbei jedoch um eine Minute.*

Ofenschlupfer sind DAS Dessert in Schwaben. Mit frisch aufgeschlagenem Mostschaum bekommt dieser traditionelle Nachtisch richtig Pep.

Ofenschlupfer von der Streuobstwiese im Mostschaum

Für 8 Personen

Für den Ofenschlupfer:
60 g Rosinen
2 cl Rum
7 Milchbrötchen vom Vortag
4 Äpfel von der Streuobstwiese (ersatzweise Boskop)
300 ml Sahne
350 ml Ei, im Messbecher abgemessen
100 g Zucker
½ TL Zimt
Butter zum Einfetten
Paniermehl zum Auskleiden

Für den Mostschaum:
3 Eier
130 ml Apfelmost
110 g Zucker

Außerdem:
8 Kaffeetassen

Die Rosinen mit dem Rum vermengen und durchziehen lassen. Die Brötchen in kleine Würfel von 1,5 cm Kantenlänge schneiden und in einer Schüssel beiseite stellen. Die Äpfel schälen, in Würfel von ebenfalls 1,5 cm Kantenlänge schneiden und zu den Brötchenwürfeln geben. Die Sahne mit dem Ei, Zucker und Zimt mit dem Handrührgerät aufschlagen, über die Brötchen-Apfelmischung gießen, dann die Rosinen vorsichtig untermengen.
Die Kaffeetassen mit Butter einfetten, mit Paniermehl ausstreuen und die Ofenschlupfermasse 4 cm hoch darin verteilen. Die Ofenschlupfer im vorgeheizten Backofen bei 150° C (Gas Stufe 1, Umluft 130° C) 30 Minuten backen.
Für den Mostschaum die Eier mit Apfelmost und Zucker in eine Schüssel geben und über dem Wasserbad mit dem Schneebesen schaumig aufschlagen.
Die fertig gebackenen Ofenschlupfer aus den Tassen lösen, den Mostschaum auf 8 tiefe Teller verteilen und die Ofenschlupfer darin servieren.

Tipp: *Die Ofenschlupfer können auch in Muffinformen gebacken werden.*

Meine Küchentipps

Tipp 1: Bei Salaten wird das Öl prinzipiell als letzte Zutat zugegeben. Sonst legt sich ein Ölfilm um die Lebensmittel und verhindert, dass die andere Aromen in das zu marinierende Lebensmittel gelangen. Wichtig für Tomaten-Albzarella-Salat (S. 10) und Leberknöpflespieße mit Kartoffelsalat (S. 34).

Tipp 2: Die Knolle der Roten Bete darf vor dem Kochen nicht verletzt werden, um ein „Ausbluten" zu verhindern. Weiterhin ist das Tragen von Gummihandschuhen beim Schälen der gekochten Roten Bete von Vorteil: Sie verhindern Verfärbungen der Haut. Wichtig für Karpfen-Bärlauchstrudel auf Rote-Bete-Carpaccio (S. 78) und Salat vom Stör im Pastetchen (S. 82).

Tipp 3: Ochsenschwanz oder Tafelspitz sollten unbedingt in kaltem Wasser angesetzt werden, damit die Aromen langsam aus dem Fleisch austreten können. Wichtig für Tafelsspitz auf Trüffelkartoffeln mit Meerrettichluft (S. 36) und Ochsenschwanzsülze (S. 42).

Tipp 4: Im Vergleich zu Küchenkräutern strotzen Wildkräuter geradezu vor wertvollen Inhaltsstoffen. Außerdem haben sie äußerst interessante Geschmacksnoten, die von leicht süßlichen bis hin zu herb-bitteren Tönen reichen. Und: Sich mit Wildkräutern auszukennen und sie zu sammeln, macht Spaß! Wichtig für Maultaschen-Carpaccio mit Wildkräutersalat (S. 48ff) und gebeizte Lachsforelle mit Wildkräutern (S. 76).

Tipp 5: Beim Mürbeteig ist unbedingt darauf zu achten, dass die Butter eiskalt ist und der Teig nicht zu lange mit den Händen geknetet wird. Wenn der Mürbeteig durch zu langes Kneten warm wird, wird er beim Backen feucht und bekommt nicht seine wünschenswerte lockere und mürbe Eigenschaft. Wichtig für Käsekuchen mit Blaubeerkompott (S. 122).

Tipp 6: Wer Rosen hat, kann Rosenwasser ganz einfach selbst herstellen. Hierzu werden 150 Gramm ungespritzte Rosenblüten und 1 Liter Wasser benötigt. 50 Gramm Rosenblüten mit dem kochenden Wasser übergießen, 1 Stunde durchziehen lassen, abseihen, nochmals aufkochen, über die nächsten 50 Gramm Rosenblüten gießen und nur noch 10 Minuten ziehen lassen. Diesen Schritt noch einmal wiederholen. Das Rosenwasser hält sich in einer dunklen Flasche ca. 4 Monate. Wichtig für Ulmer Zuckerbrot (S. 106).

Tipp 7: Leckerer als gekauft, schmeckt es immer selbstgemacht! Deshalb hier eine kurze Anleitung zum Forellenräuchern:
Die küchenfertigen Forellen werden für 12 Stunden in einer Lake eingelegt. Die Lake besteht für je 1 kg Fisch aus 1,5 Litern Wasser, 60 g Speisesalz, 4 Lorbeerblättern und 10 angedrückten Wacholderbeeren. Um die Aromen der Kräuter besser lösen zu können, wird das Wasser mit den restlichen Zutaten rasch aufgekocht und sofort wieder heruntergekühlt. Die ganzen Forellen werden nun für 12 Stunden bei Raumtemperatur in der Lake eingelegt. Anschließend die Forellen kurz unter kaltem Wasser abwaschen, gründlich von innen und außen trocken tupfen und in einem Tischräuchergerät ca. 30 Minuten lang räuchern.
Brauchbare Tischräuchergeräte gibt es bereits ab 30 €. Darin können nicht nur Forellen geräuchert werden. Auch zum Beispiel Steaks, Spareribs, Kartoffeln, Salz und sogar Käse lassen sich in einem Tischräuchergerät kurz anräuchern und damit sehr veredeln.
Wichtig für Forellentatar an Sauerampferschmand (S. 88).

Tipp 8: Es muss nicht immer Lachs sein! Da die heimischen Weißfischarten in unseren Küchen immer mehr an Bedeutung verlieren, habe ich mich darum bemüht, einheimische Weißfische ins Spiel zu bringen: zum Beispiel für den Knusperfisch Brachsen- und Döbelfilets (S. 80) oder im Störsalat (S. 82) und und und.
Wenn Sie jedoch Lust haben, eines dieser Fischrezepte auszuprobieren und weder Karpfen noch Stör geschweige denn Brachsen und Döbel sind leicht für Sie zu erreichen, dann kochen Sie es mit Forelle oder – ja doch – mit Lachs! Wichtig für alle Rezepte im Kapitel ‚Tapas mit Fisch', S. 71 bis 92.

Tipp 9: Bei der Herstellung einer Fischfarce darf die Küchenmaschine immer nur kurz laufen, da sich sonst Wärme bildet, die die Farce ausflocken lässt. Wichtig für Felchenmaultäschle im Rieslingschaum (S. 72), Zanderroulade auf geschmorten Dillgurken (S. 86) und Seesaibling-Terrine an marinierter Brunnenkresse (S. 90).

Tipp 10: Trauen Sie sich! Auch wenn man Ihnen erzählt hat, dass Fischterrinen eines besonderen Geschicks bedürfen – einfach ausprobieren! Bei all meinen Rezepten habe ich mich darum bemüht, die Herstellung so klar und so einfach zu beschreiben wie nur irgend möglich. Und wenn Ihre Seesaiblingterrine nicht so aussieht wie auf dem Foto – egal: Sie wird trotzdem super schmecken!
Kochen ist eine einzigartige Form des DIY (Do it Yourself). Es ist ganz besonders kreativ und Selbstgekochtes zu essen, macht glücklich und gesund.

Ihr Alexander Schöck

Register

Falls Sie sich bei der Auswahl eines Rezeptes eher an den Zutaten orientieren: Einige häufig gebrauchte Zutaten haben wir alphabetisch geordnet und hervorgehoben.